JN441419

하오명의 차 이야기

하오명 지음

씨마스

다학(茶學)

서문

서문

茶民(다민) 詩 | 河五明

우리는 잊고 있다.
靈山 大地와 비와 바람으로
茶香이 깊어가는 고마움을

우리는 모르고 있다.
茶農과 陶工, 小木匠, 그리고 茶人,
茶民들이 흘린 땀방울의 깊은 뜻을

우리는 이제사 알게된다.
色 香 味 形의 아름다움만을
民茶가 茶의 원향임을

우리는 함께 나눈다.
따뜻이 우려진 연둣빛 찻물에 담긴
정성과 그 한잔의 의미를

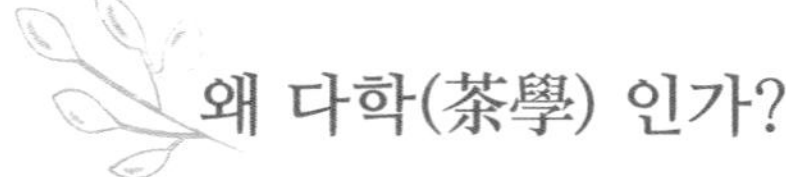

왜 다학(茶學) 인가?

茶와 여러가지 많은 가르침을 주신 스승님께서는 "왜 茶를 즐겨 드십니까?" 라는 물음에 "그야 차나무를 닮기 위해서지요. 차나무는 잣나무처럼 웅장하지도 않고 봄을 전하는 매화처럼 우아하지도 않지만 소박하고 겸허한 느낌을 주지요. 차나무를 닮아 보려는 것이지요. 차생활이 무엇입니까? 소박한 생활, 겸허한 자세로 일관하는 것이지요." 라고 말씀하셨다.

단순히 한잔의 차(茶)를 음다(飮茶)하는 것도 소중하겠지만, 차(茶)에 대한 여러 부분을 공부하면 차(茶)에 대한 이해의 폭을 넓히고, 차(茶)를 통해 올바른 가치와 문화의 소중함을 함께 깨우치게 되리라 생각한다.

이런 차(茶)공부를 하는 다인(茶人)들에게는 다학(茶學)은 다도(茶道)에 이르는 길이라 여긴다. 행다(行茶)의 실습과 체계적인 차(茶)공부를 함께 한다면 최고의 다인(茶人)이 될 것이다. 그 차(茶)공부의 길에 저자는 "다학(茶學)이란 무엇인가?"라는 큰 명제를 두고 그동안 강의한 자료들을 바탕으로 다학(茶學)의 교재 20강으로 준비하였다.

어디서든 다양한 커피전문점들이 빌딩마다 있는 것을 쉽게 볼 수 있는 현대 사회에서, 한국의 정신, 문화 그리고 맛과 멋이 함께 하는 우리의 차(茶)-녹차와 민차를 중심으로 '차(茶)사랑 운동'을 다인들과 함께 펴나가고 싶은 작심(作心)을 이 글을 통해서 펼쳐 본다. 또한 앞으로 차(茶)의 후학들이 더 좋은 강의집을 편찬할 것을 기대한다.

하 오명
2016년 봄 본초다원에서

제1강

茶學 다학 강의란?

다학(茶學) 강의란?

다도(茶道)라는 경지에 이르는 배움의 길을 다인(茶人)들은 다학(茶學)이라 부른다. 다인은 단순히 차에 대한 지식의 전달 혹은 다례(茶禮)를 행하는 사람이 아닌, 차(茶)를 통해서 심의(心醫), 신의(身醫), 식의(食醫), 다의(茶醫)가 되도록 체계적인 교육과정을 통해서 수련하는 사람을 일컫는다.

웰니스(Wellness)는 정서적, 정신적, 신체적 건강과 행복한 상태를 말한다. 행다(行茶)가 넓은 뜻의 웰니스 교향곡을 연주하듯, 웰니스의 여건을 종합적으로 만드는 것이다. 차(茶)가 신체적 건강만이 아닌 정서적, 정신적 건강을 아울러야 할 것이다. 심신의 건강과 온당한 정서적인 건강을 아우르는 실생활의 웰니스(Wellness)는 차(茶)를 통해서 이룰 수 있기에, 필자는 크게 차(茶)를 'Wellness' 라는 개념하에 다학(茶學)을 40년간 강의해 오고 있다.

차(茶)를 공부하는 한국다학연구원에서 필자가 다학(茶學)강의를 할 때 3가지 정신과 마음의 자세를 기본으로 삼았으며, 교과과정은 7가지 순서를 따랐다.

다학(茶學)강의 3가지 정신
선정후교(先情後教): 먼저 정을 주고, 그런 다음에 또 가르침을 준다.
하심(下心): 겸손한 마음을 가지다.
중정(中正): 치우치지 않고 올 곧다.

다인의 다짐을 함께 읽는 것으로 다학강의를 시작한다.

1. 차 정신 읊기(다인의 다짐)
인류에게 선약(仙藥)인 차를 내린 하늘에 감사드립니다.
차와 다구와 차문화를 이룬 차인과 다민에게 감사드립니다.
오늘 고마운 가르침을
돌아가 가족과 이웃에게
하심과 봉사로써 보답하겠습니다.
다음의 기쁘고 즐거운 만남을 기대합니다.
반가웠습니다.
고맙습니다.

2. 스트레칭

몸의 긴장을 풀고, 집중하여 차공부를 하기 위한 신체와 마음의 준비를 위하여 손운동, 발운동, 머리 두드리기 등 간단한 스트레칭 운동 10여가지 동작을 한다.

3. 다악 및 노래 함께 부르기

차인들의 단합을 위해 동요 및 가곡 부르기를 한다.
새로운 차를 만들고, 그 차의 맛과 정신을 기리기 위해 만든 노래를 함께 불러 보면 그 의미가 새롭다. 나중에 음다를 하면, 불렀던 노래 구절의 의미가 차맛으로 경험을 해 볼 수 있는 색다른 형식의 교육이 된다.

아리랑 차 **시 | 하오명　　차조제 | 하오명　　차판매처 | ‘다본향’**

아리랑 아리랑 아라리요 아리랑 고개로 넘어 간다.
푸르른 야산의 망개뿌리 도라지
정성껏 덖어서 아리랑차 되었네
아리아 아리랑 아라리요 아리랑 고개로 넘어 간다.

구수한 향기의 아리랑차 마시니
온몸이 맑아져 선약(仙藥)이라 부르리
차마시세 차마시세 아리랑차 마시세
정든님 고운님 아리랑차 마시세

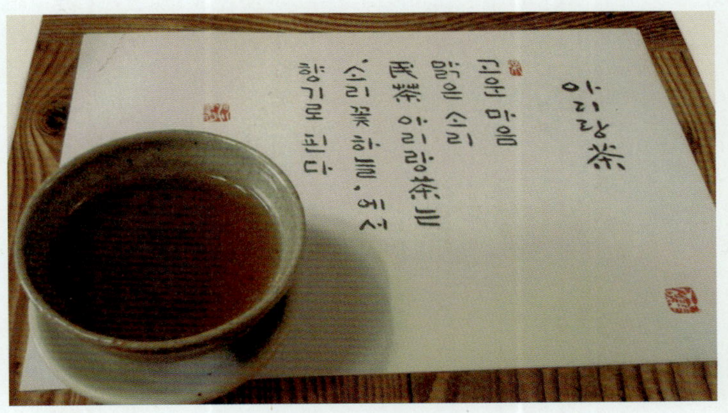

01
아리랑 차
시· 글/ 하오명

또한 차인회 혹은 차모임의 노래가 있으면 회의때나 강의전에 한번씩 불러 본다. 아래는 차교육기관인 우리차문화연합회의 노래이다.

우리 차의 노래　　시 | 하오명　곡 | 전성환

지리산 팔공산의 싱그런 차나무
금호강 맑은 물로 차를 우려서
고령토로 빚은 다기로
신라의 얼과 조선의 예를 담아
차를 마시세 정을 나누세
차를 마시세 정을 나누세
연연히 이어지는 우리의 다도
찬란한 예술과 문화를 꽃 피우세
다도와 다학의 정신으로
인성과 인품을 드높이는
차를 마시세 정을 나누세
차를 마시세 정을 나누세

그리고 음다를 위해 조용한 다악(국악 중심의 음악)을 함께 하면 차의 맛을 그리고 분위기를 돕는다.

우리 차의 노래

02
우리 차의 노래
시/ 하오명
곡/ 전성환

4. 시낭독, 시낭송

저자의 고향 대구 출신인 박목월 선생의 청노루, 나그네 등과 이해인 수녀님, 정지용, 구상, 이상화 시인의 시들을 읊는다.

5. 명상

가부좌 혹은 의자에 앉아서 (허리를 등에 기대지 않고) 5분간 눈을 감고 하는 명상의 시간은, 수업에 임하기 전까지 가졌던 마음의 요동과 정신적인 복잡함을 없애고, 차공부에 집중할 수 있도록 하는 마지막 준비 단계이다.

눈을 감습니다.
좋은 일을 생각해 봅니다.
그리운 사람, 사랑하는 사람들을 떠올려 봅니다.
하늘을 봅니다.
푸른 하늘, 하얀 구름이 떠 있습니다.
산 위, 소나무 끝 가지에 이슬이 영롱하게 달려 있습니다.
개울물이 흐릅니다.
졸 졸 졸 졸
하얀 바위와 바위 틈 사이로 맑게, 맑게 흘러 갑니다.
흐르는 물처럼, 지나친 욕심은 접고
부족하지만 지족하며 살아가야겠습니다.
팔공산의 물로, 비슬산의 물로 찻물을 끓입니다.
차 향기가 납니다.
맑은 차맛이 내 마음입니다.
물을 담겠습니다.
차를 담겠습니다.
진정성을 소중히 하겠습니다.
사랑합니다.
고맙습니다.

6. 다학 이야기
각 주별 다른 주제로 차에 대한 공부/강의를 진행한다.

7. 차 나누기와 담소하기
정신적, 이론적인 차공부를 한잔의 차 만들기와 그것을 어떻게 음다할 수 있는지에 대한 마지막 단계로 차(茶)를 만들어 함께 나누어 마심으로, 인성교육, 문화교육의 장으로 만든다.

차(茶)는 다인의 전유물이 아니라 모든 사람들의 것이다. 꼭 윗사람이 아랫사람에게 만들어 주는 차가 아닌, 며느리가 시부모님들을 위해 마련한 특별 찻잔에 우려낸 차, 꾸지람 들어야 되는 아이를 위해 선생님이 만든 한잔의 차, 부부간의 차 등 여러 형태의 차(茶)를 만드는 것을 다인이 대리 경험을 하고, 그런 다른 마음으로 한잔의 차를 만드는 다인이 되도록 선정후교(先情後教)의 중요성을 다시 한번 짚어본다. 찻잔에 오상(五常)-仁(어질 인), 義(옳을 의), 禮(예도 례), 智(슬기 지), 信(믿을 신)이 각각 새겨진 잔으로 차를 대접하며, 각자가 받은 찻잔의 의미를 새겨볼 수 있다. 혹은 매, 난, 국, 죽, 연이 각각 새겨진 잔으로 "오군자(五君子)"의 뜻을 가르치며 생활인문학 교육을 해 줄 수 있다.

03
차를 즐기는
다인은 누구일까

茶人은 예술가이고 문화인이다.
茶人은 本草의 연구가이고, 自然과 더불어 사는 사람이다.
茶人은 건강의 조정자이다.
茶人은 우리를 화목케 하는 사람이다.
茶人은 뜨거운 마음을 가진 사람, 七布施를 실천하는 사람이다.
茶人은 幸福을 가꾸고, 幸福을 나누는 幸福의 전도사이다.

다학(茶學)이란 생활문화, 생활과학, 웰빙문화, 인성교육 그리고 전통문화, 풍류 등의 조화를 연구하고 실천하는 실학(實學)이다. 그 공통점은 혼자만을 생각하지 않고, 남을 생각하는 마음이 있는 사랑(愛), 착함(仁), 부드러움(慈)이라고 생각한다. 그 예로, 사랑 애(愛)를 파자(破字)하여 살펴보면 다음과 같다.

愛 = 爪 + 冖 + 心 + 夂

손톱 조　덮을 멱　마음 심　걸을 쇠

허물을 덮어주고 마음 모아 함께 나아가는 것이 사랑이다. 사랑은 한마디로 관심이다. 다인(茶人)은 차(茶), 민차(民茶), 웰빙, 인간관계, 예절과 문화에 대한 깊은 관심을 가진 사람들이다. 본 저자는 이러한 다인(茶人)이 지녀야 할 10가지의 덕목을 만들어 보았다.

다인 10 덕목(茶人 十德目) 題ㅣ河五明

1. 茶人은 지혜롭다.
2. 茶人은 너그럽다.
3. 茶人은 아이디어가 있다.
4. 茶人은 성실하다.
5. 茶人은 자연을 사랑한다.
6. 茶人은 정(情)이 있다.
7. 茶人은 예술과 문화를 사랑한다.
8. 茶人은 예의 바르다.
9. 茶人은 끊임없이 배운다.
10. 茶人은 늘 베푼다.

이 10덕목을 적극적으로 실천하기 위해 정중(正中)의 정신으로 지행합일(知行合一)이 필요하다. 다학(茶學), 다도교육은 폭넓은 문화교육과 인성교육을 하고 있다. 우리 문화를 가르치는 첨병 역할을 하고 있다. 다학(茶學)이 문화, 인문학 일 수 있는 것은 아래 도표로 확인할 수 있다.

04
다학

옛 다인(茶人)과 풍류인들의 차생활을 오늘의 문화 속에 어떻게 받아들일 것인가? 과학과 기술의 발달로 동적문화(動的文化)의 범람 속에 정적문화(靜的文化)의 침체를 개선할 열쇠는 문자문화, 자연지향문화, 명상문화, 다도문화 부활에 있을 것이다. 이를 위해 다인(茶人)들은 고정관념에서 벗어나 폭넓고 깊이 있는 교육문화, 예술문화, 웰니스(Wellness)문화를 가르치고, 배우는 주역이 되어야 한다.

05

추사(秋史) 김정희
선생의 글/ 茶

제2강

차의 정의

茶

차(茶)의 정의

차나무는 세계 30여 개 국에서 찾아볼 수 있으며, 동백나무과 종자식물로써 학명은 카멜리아 시낸시스(Camellia Sinensis(L.) O. Kuntze 이다. 이 중 우리나라 차나무는 추위에 잘 견디고 수명이 긴 중국 소엽종 차나무에 속하며, 대부분이 남부지방의 온난하며 다습한 지역에서 많이 자라고 있다.

01
차나무

차(茶)란 5천여년을 인류와 함께 더불어 지내온 역사적인 식음료로 아시아에 기원을 둔 차나무의 잎을 따서 덖거나, 찌거나 그 뒤에 비비고, 말린 차 나무잎을 따뜻한 물에 우려서 마시는 것으로 물 다음으로 전 세계에서 가장 많이 알려진 음료이다. 역사를 통해, 차는 약으로 사용되었음을 볼 수 있으며, 이후 갈증과 피로를 푸는 음료로

발전하였다. 또한 차는 각 문화와 인종의 차이에도 불구하고 혼자서 조용히 즐기기도 하며, 여러 사람들이 모여 마음을 함께 나눌 수 있어서, 자신과 그리고 사회적인 화합을 할 수 있는 예(禮)와 문화의 연결체이다.

차(茶)는 심신(心身)의 치유제(治癒劑)다.

정신적, 신체적, 정서적 건강과 인격도야와 자아완성(自我完成)을 위해 차(茶)를 마시고 다학(茶學)을 배우고 다도(茶道)를 행한다. 음식은 살아있는 것, 생명력이 잠들어 있는 것과 화학물질화되어 생명력을 잃은 것 등 3종류로 나뉘어진다. 예를 들면, 채소, 과일, 채식, 된장, 막걸리 등은 살아있는 음식이고, 차(茶)와 와인은 잠든 음식이며, 캔에 들었거나 인스턴트 음식들은 생명력을 잃은 음식이다. 생명력이 있는 음식과 잠든 생명력을 불러 일으킨 차(茶)를 마시는 것은 우리 마음과 몸에 생기를 샘솟게 하므로 차 한잔의 소중함을 알 수 있다. 이러한 차의 성격을 주요 5가지 요소로 구성된 〈차의 도(道) The Way of Tea〉로 표현할 수 있다.

02

차의 도(茶道)

1. 건강 康(편할 강)
차는 몸을 보살피고 정신을 맑게 하고, 마음을 다스리는 치유의 힘을 가졌다.

2. 배움 學(배울 학)
좋은 차 한잔을 만들기 위해 다기와 차에 대한 공부, 우리는 방법, 차를 음미하는 방법, 그리고 그에 따른 예의와 마음의 공부 또한 필요로 한다.

3. 예도 禮(예도 례)
우리 생활에서의 차는 준비하는 순간부터 마실 때까지 예의를 가지고 마음과 정성을 함께 넣음으로 다례를 배우게 된다.

4. 예술 藝(재주 예)
역사와 문화를 통해 여러 종류의 음악, 미술, 문학속에서 차와의 관계를 찾을 수 있으며, 현대는 차 한잔과 함께 그 예술이 함께 어우러지는 새로운 예술의 형태로 발전되고 있다. 예의로써 차를 대접하고 마시는 그 자체가 생활과 예술이 종합된 차예술이다.

5. 지혜 慧(지혜 혜)
차를 준비하는 그 자체가 지혜이고 명상이다. 단지 음료로 마시는 차가 아닌 차를 음미하고, 준비하고, 다도의 절차를 따름으로 마음의 수련을 하게 되는 수련의 한 방법이다. 이를 통해서 생활의 지혜를 배울 수 있다.

차(茶)는 단순한 음료 이외에 문화이기도 하다. 차(茶)는 생활의 일부분으로 예절과 정신수양의 도구이며, 넓게는 차(茶)와 함께 사람들이 어우러져 시, 음악, 서예, 그림, 다판(茶板), 도자기, 다담(茶談)이 함께 하기에 차문화(茶文化)이기도 하다. 한잔의 차(茶)에는 이렇게 역사, 문화, 예술, 예절, 정신이 함께 어우러진 소중한 의미를 가지고 있으며, 또한 우리의 일상생활의 일부분임을 잊지 말아야 한다.

03

다심

글/그림, 하오명

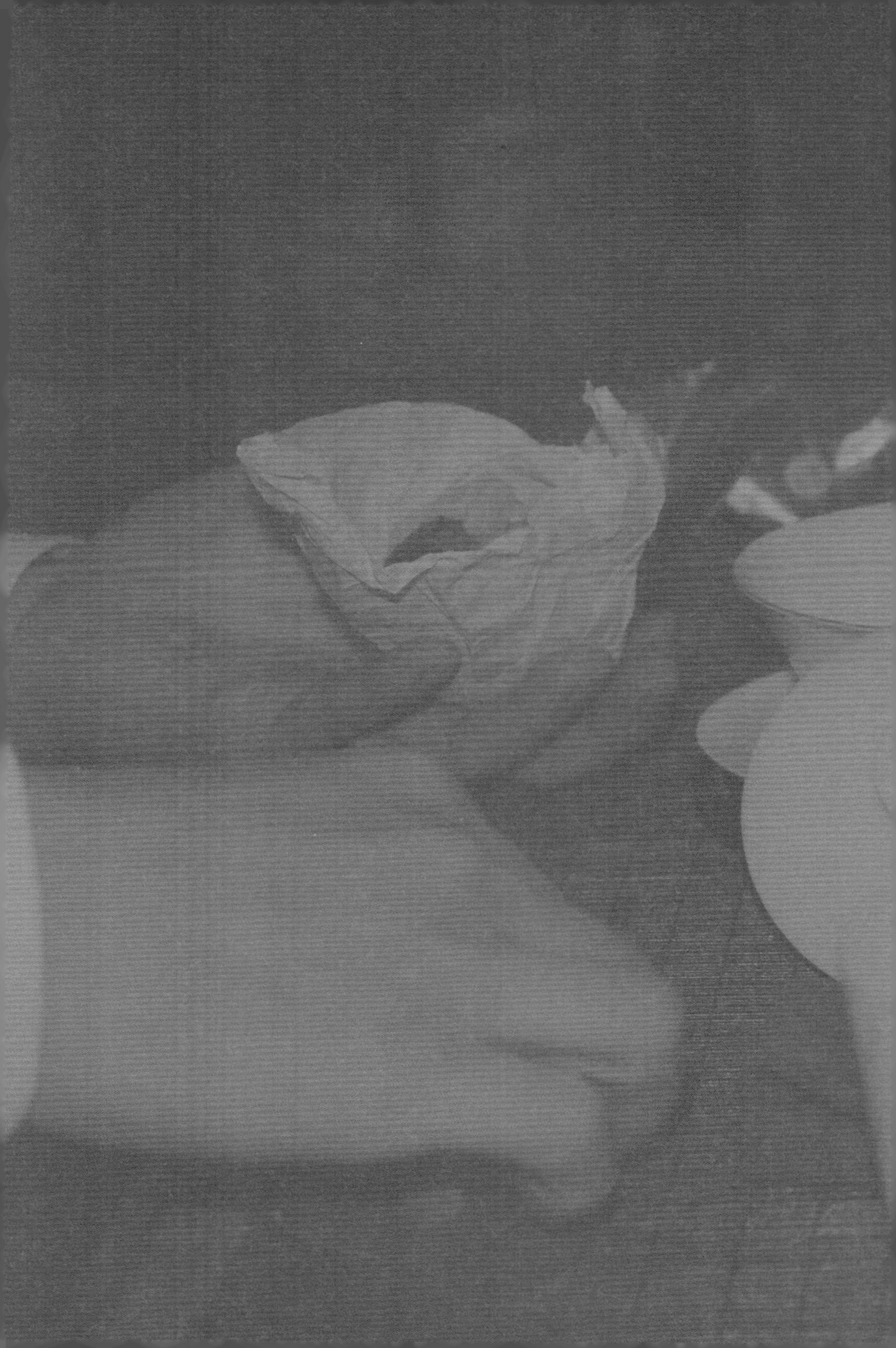

제3강

茶
차의 종류

차(茶)의 종류

우리나라 차(茶)는 상록수 차나무 잎으로 만든 차(茶) 이외에 옛날엔 천신제(天神祭)를 올릴 때 사용한 자작나무 속껍질을 달인 백화차(白樺茶), 백산차(白山茶)가 있었다. 그리고 민가(民家)에서 쓴 쑥차, 고욤잎차, 구지뽕잎차, 민들레차, 어성초차, 은행잎차, 연잎차, 감국차(甘菊茶) 등을 포함하는 민차의 좋은 효능은 몇 천 년 동안 꾸준히 써온 민간요법으로 건강과 힐링의 음료로 증명되어져 왔다.

1. 차(茶)나무

차(茶)나무의 기원은 박용구교수의 역서(茶의 起源을 찾아서, 橋本 實 지음 : 朴龍求 옮김 2005 경북대학교 출판부)에서 약 2억 5000만년 전이라 추측하고 있다. 차나무는 상록성 동백과식물이며 교목(喬木)과 관목(灌木)으로 크게 나누어진다. 현재는 개량종 등 다양한 종류로 변화하고 있으며, 야생으로 자생하거나 혹은 재배되고 있다. 잘 알려진 커피나무는 열대지방에서 자라는 반면, 차나무는 온대에서 아열대에 걸친 강우량이 많은 곳에서 야생으로 자라거나 재배되어 왔다. 그 차나무의 학명은 1753년 처음으로 Thea Sinensis로 표기 되었으며, 1887년 이후부터는 Camellia Sinensis로 사용되고 있다. 차나무의 표현을 정부 당국에서도 건강기능식품으로 차(茶)를 Thea Sinensis로 표기하고 있다. 원산지는 중국 남부와 서남부지역, 인도 아쌈 지역 등이다. 기후조건은 연평균 기온이 13 ℃ 이상이고, 강우량은 1400㎖ 이상이어야 한다. 그러나 영하 10 ℃가 열흘 정도 이어지면 차나무는 얼어 죽고만다.

특이하게 차나무는 늦가을에 흰 꽃이 피고, 그 흰 꽃은 차 열매와 함께 만나는 나무로 실화상봉수(實花相逢樹) 혹은 모자상봉수(母子相逢樹)라고도 부른다. 24절기의 하나인 봄철 곡우(양력 4월20일경) 무렵이 찻잎 따기에 적기라 하나, 이 절기는 중국 양자강 주변지역을 중심으로 만들었음으로 한국에서 사용하는 달력과는 조금 차이가 있다. 그 예로, 조선시대 초의선사가 1837년에 지은 한국차에 대한 소중한 책인 동다송(東茶頌)에서 화개차의 적기는 입하(양력 5월6일 무렵) 때라고 밝힌 점은 우리 차나무의 성장과 걸맞다고 본다.

01

차나무 열매

우리나라 차(茶)의 산지(産地)는 어디일까?
사진작가가 즐겨 찾는 차밭은 눈덮힌 한라산 영봉과 그 아래 차밭을 화면에 담을 수 있는 도순다원과 영화촬영지이기도 한 보성의 대한다원을 들 수 있다. 차나무는 높은 곳에서 자라야 배수가 잘 되고 향기롭다. 인도나 스리랑카엔 1,200~1,800 미터의 높은 곳에 차밭이 있다. 보성차밭은 해발 350 미터의 비탈진 언덕에 차나무가 골을 지어 상록수로 버티고 있으며, 일본의 야부기다종이 많다. 그래서 후지산 근처의 차밭과 모습이 비슷하다.

02

경남 기획차밭, 다자연의 다원

한국 녹차의 주산지는 보성다원, 하동 쌍계다원, 한국제다, 제주 도순다원 등 전남, 경남, 제주 등 여러 곳이 있다. 전통 녹차의 산지로는 지리산 주변 하동의 차밭과 천년수(千年樹) 차나무, 구례 그리고 사천의 야생차밭, 가야차 역사지인 김해의 허황옥 2000년 된 장군차(將軍茶), 밀양 혜산서원의 600년 된 차나무, 보성의 차밭, 제주의 차밭 등이다. 날씨가 따뜻한 지방에서 자라는 차나무는 영남지방 밀양의 손씨 마을에 심은 차나무로 몇 백 년을 버티고 있는 노거수(老巨樹)가 몇 그루나 있다. 밀양 엄광사지 폐사된 절터에는 고려시대의 차나무가 지천으로 자라고 있다. 이외 울산, 김해, 진주, 함양, 하동 그리고 비슬산 남쪽이 겨울철 바람막이만 잘 하여도 차나무 재배가 가능한 곳이다. 하동 쌍계사 산야는 동다송(東茶頌)에서 뛰어난 차맛을 칭찬한 곳으로 100년을 넘긴 차나무도 흔히 만날 수 있다. 화개, 쌍계의 차는 오랜 전통의 우리 차(茶)로 알려져 있으며, 차나무들이 듬성듬성 자라있는 야생차이다.

03
배방사지 차나무
(야생종)

차나무는 크게 야생종과 개량종이 있다. 엄밀한 의미에서 재배하지 않는 야생종은 야산과 절집에 자란 모든 차나무를 일컫는다. 하지만 요즘은 지리산의 차를 무농약, 무화학비료로 재배하는 직근성 차나무로 구별한다. 자연스럽게 자라는 야생종에 비해 개량종은 뿌리가 옆으로 퍼지면서 자라며, 또한 비료가 더 많이 필요하다고 한다. 찻잎의 향기, 맛, 그리고 생산량 때문에 차나무를 개량하였지만,

지금은 찻잎의 성분, 오염, 내병성(耐病性) 때문에 우려하고 있다. 차나무를 중심으로 보면 오랜 전통의 야생차밭으로 쌍계사 주변, 다솔사 주변, 선암사 주변 등이 있는데, 심근(深根)성이라서 비료나 농약을 쓰지 않아도 자랄 수 있다.

04
변종 차나무
(황금색)

차나무는 찻잎을 따기 위해 대략 10년 정도 걸린다. 가루차를 만들 때 박차(薄茶, 묽은 가루차)는 20년 미만의 찻잎으로 만들고, 농차(濃茶, 짙은 차)는 30년 이상 된 노목의 찻잎으로 만든다. 차나무 1년은 사람 나이로 4년에 해당한다. 차나무의 최성기는 7~10년이고, 15~18년까지 찻잎을 채취하고 20년 이상이 되면 교체하게 된다. 그러나 차종에 따라서는 800년 이상 된 노거수(老巨樹) 차나무로 만들 수도 있는데, 그 예로 보이차를 들 수 있다. 한국의 토종 차나무는 드문드문 심은 산식(散植) 야생차와 밀식(密植) 재배차나무로 나누어진다. 지리산 산식 야생차나무는 높이 60~100 cm, 폭 150~180 cm로 자연스럽게 키운다. 밀식 재배차는 높이 60~70 cm, 폭 90~150 cm 이고 차나무 골 간격을 30 cm 전후로 두고 있다. 나무와 나무 사이는 110 cm 정도에 이른다. 나무와 나무 사이에 둔 적당한 거리는 넓을수록 통풍과 관리의 편리성이 높아진다.

05

뉴욕 맨하탄의
차전문점
Harney & Sons

06

뉴욕 맨하탄의 옛
차전문점 McNultys
(1895년에 설립)

2. 차(茶)의 종류

전 세계적으로 애용되는 3대 음료로는 茶(동양은 녹차, 서양은 홍차), 커피, 코코아가 일반적으로 꼽힌다. 차(茶)의 종류는 차를 따는 방식, 제다 방법에 따라 색(色), 향(香), 미(味)도 다르고, 차(茶)를 부르는 이름도 달라진다. 차(茶)는 우리가 흔히 알고 있는 커피, 녹차, 홍차, 우롱차, 세계민속차 등을 포함해, 세계의 3대차 (Coffee, Tea, Cocoa), 세계의 5대차 (Coffee, Tea, Mate tea, Rooibos tea, Gymnema tea), 한국의 5대차(녹차, 말차, 황차, 홍차 그리고 돈차), 중국의 6대차 (백차, 황차, 녹차, 청차, 흑차, 홍차), 중국의 8대차 (백차, 황차, 녹차, 청차, 홍차, 흑차, 화차, 공예차) 등 다양하게 구분된다.

약(藥)이 정통약(正統藥)과 민간약(民間藥)으로 구분 되듯이, 차(茶)도 정통차(正統茶)와 민차(民茶)로 나누어 볼 필요가 있다. 차나무 잎으로 만든 차를 차(茶-한국에서는 주로 녹차를 이름) 혹은 정통차(正統茶)라고 한다면, 건강차, 약초차, 대용차, 꽃차 등이 민차(民茶)로 차(茶)는 크게 두가지로 구분이 된다.

茶(녹차)는 제조방법, 형태 그리고 차나무 잎을 따는 시기에 따라 그 종류가 더 세분되어 구분된다. 현재 상용되고 있는 녹차(Green Tea)라는 말은 일본인들이 만든 용어다. 그러나 홍차(Black Tea)에 대해 구별하는 용어로 쓰여지면서 '茶(Tea)'라는 용어에서 녹차라고 쓰지 않을 수 없다.

07

차 만드는 법에 따른 차의 분류

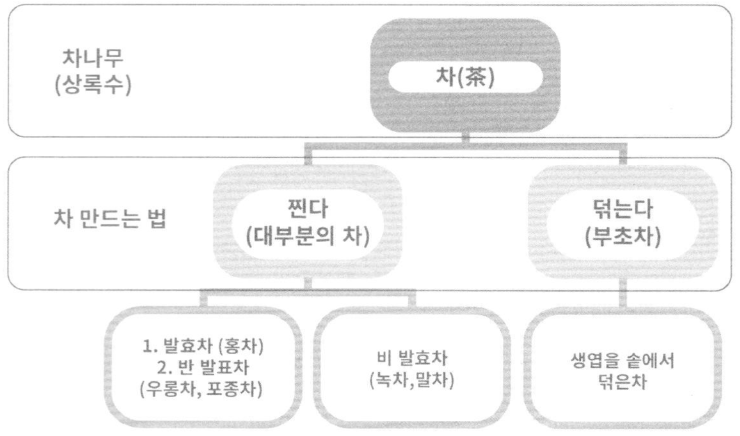

1) 녹차 제조방법

① 덖음차: 찻잎을 뜨거운 가마솥에 넣고, 덖고, 멍석 위에서 식힌 뒤, 손으로 비비는 과정을 3~5번 반복하여 수분을 제거하고 만드는 것으로 우리나라의 수제(手製)녹차가 대부분 이 방법으로 제조된다. 또한 제일 많이 상용되고 있는 차이다.

② 찐차: 찻잎을 시루에 쪄서 수분을 없애는 방법으로 만든 차로 일본에서 흔히 사용하고 있다. 일본의 전차(煎茶)와 증제차(蒸製茶)가 여기에 속한다.

③ 반발효차: 찻잎을 완전히 띄우지 않고 약 30~75 % 정도 발효시켜 만든 차로 중국에서 많이 제조되는 방법으로, 자스민차, 우롱차(烏龍茶), 암차(岩茶), 철관음차(鐵觀音茶) 등이 여기에 속한다.

④ (완전)발효차: 찻잎을 발효시켜서 만든 차로 한국의 떡차, 그리고 홍차(Black Tea)가 그 주류를 이룬다.

⑤ 후발효차: 완전 발효를 시킨 다음 물을 다시 뿌려 한번 더 발효를 시켜 만든차로, 중국의 보이차(普洱茶)가 이에 속한다.

⑥ 말차: 일정기간 그늘에서 기른 찻잎을 찌고, 갈아서 분말로 만든 녹차이다.

◉ 이상의 제조 방법으로 만들어진 한국 차(茶)의 종류는 아래와 같이 크게 다섯가지로 나뉘어진다.
① 녹차는 작설차로, 혹은 시기에 따라 우전, 세작, 중작, 그리고 대작으로 나뉘어 진다.
② 말차는 다도용 말차와 식용 혹은 약용 가루차로 나뉘어 진다.
③ 황차는 약간 발효된 황금차를 말한다.
④ 홍차는 완전발효된 차이다.
⑤ 돈차는 찻잎을 쪄서, 약초를 넣어 발효시킨 차이며 청태전이라 불린다.

2) 형태적 분류를 하면 크게 잎차와 덩이차로 나누어진다.
① 잎차: 산차(散茶), 녹차, 작설차, 죽로차, 고뿔차, 황금차
② 덩이차: 돈차(錢茶), 청태전(靑苔錢)
③ 가루차: 말차(抹茶) - 다도용, 음식용

3) 잎을 따는 시기(채다 採茶)에 따른 분류
① 작설 (雀舌) 혹은 우전(雨前): 곡우(穀雨 양력 4월20일경) 5일 전에 어린 잎을 따서 가공하여 봄에 따는 첫 잎으로 만든 차로 향과 맛이 아주 은은하며 최상품이다.
② 세작 (細雀): 곡우 또는 입하(立夏 양력 5월6일경) 까지 딴 참새 혀 같이 생긴 여린 잎의 차이다. 잎이 다 펴지지 않은 창(槍 가지에서 처음 나온 움)과 잎이 피기 시작한 기(旗)만을 따서 만든 차이다. 봄차, 첫물차로 알려져 있으며 상품(上品)이다.
③ 중작 (中雀): 입하 (立夏) 이후 잎이 좀 더 자란 후 창(槍) 과 기(旗)의 펴진 잎을 한, 두장 함께 따서 만든 차이다. 두물차로 알려 졌으며, 맛이 진하며 대중적인 차이다.
④ 대작 (大雀): 한여름 중작보다 더 굳은 잎을 딴 것으로 조차(粗茶)라고도 한다. 여름차, 세물차로 알려 졌으며, 마지막으로 딴 잎으로 잎이 제일 크다.
⑤ 가을차: 8월 하순에서 9월 상순에 따서 만든 차로 끝물차로 알려졌다.

08
지리산 차나무 새순

◉ 홍차 (Black Tea)

세계의 차(茶)는 생산, 소비에서 홍차의 비중이 80 %를 차지한다. 많은 사람들이 흔히 즐겨 마시는 서양식 홍차의 찻잎은 검정색이다. 그러나 우려낸 홍차는 붉은 색이다. 홍차는 녹차 산지보다 햇살을 많이 받는 더운 지방에서 자란다. 특히 독특한 향이 300여가지나 된다. 우릴 때 뜨거운 물을 써서 적당히 우려야 향과 맛을 좋게 할 수 있다. 홍차의 향을 위해 찻잎에 묻은 발효효소를 이용하여 실내에서 띄운다.

홍차는 차의 생엽과 생엽에 붙은 효소가 떠서 엽록소를 분해시켜서 붉은 갈색, 혹은 검은색으로 변한 것이다. 중국의 오룡차는 색은 까마귀처럼 검고, 형태는 용처럼 휘어져 있다. 검은 뱀이 차나무 둥지를 감고 있었는데, 그 나무의 차맛이 좋았다고 전해진다. 차산지의 이름, 혹은 옛부터 중국에서는 까마귀와 용은 길상의 동물이라고 생각했기에 오룡차(우롱차)라 이름 지었다는 설들이 있다. 홍차와 우롱차는 열탕에 우리고 탄닌(카테킨)의 흡수와 향과 맛을 즐기는 것에 비해, 녹차는 비타민 C, 데아닌 성분의 흡수와 관련이 있다.

또한 많은 차(茶)들 중에서 특이한 덩어리차(단차, 긴압차)는 중국에 기원을 두고 있다. 중국은 당나라 때부터 덩어리차를 사용하였다. 몽고, 티벳 등을 옮겨다니며 사는 유목민족에게는 덩어리차는 더없이 편리했다. 칼로 자르고, 또 갈아서 차와 우유와 함께 마셨다. 단차는 돈모양으로, 경단모양으로 만든다. 덩어리차 또는 떡차(병차)는 신라시대에 화랑도들이 훈련을 한뒤 피로회복을 위해 덩어리차를 차맷돌에 갈아서, 소금을 넣고 마셨다는 근거를 신라 때의 유물인 찻사발, 차 부뚜막, 돌절구, 찻샘 등에서 찾아볼 수 있다.

09
조태연가 돈차

10
청태전 발효차

제4강

차(茶)의 성분과 효능

차(茶)의 성분과 효능

차(茶)의 주성분은 폴리페놀(Polyphenols)이고, 폴리페놀은 카데킨 (Catechins)으로 구성되어 있다. 제 1성분은 카페인이 아니라 카데킨과 데아닌이다. 차(茶)는 카데킨 (Catechins), 카페인 (Caffeine), 아미노산의 일종인 데아닌 (Theanine), 비타민 C (Ascorbic Acid), 엽록소 (Chlorphyll) 그리고 미네랄 (Mineral 칼륨, 칼슘, 망간, 철 등) 등 6대 성분으로 구성되었다. 차(茶)에는 해독제인 카데킨, 스트레스를 막아주는 비타민 C, 그리고 피로와 졸음을 쫓고 지방을 연소시키는 천연카페인 다소(茶素)와 소중한 미네랄이 들어있다고 쉽게 풀어 이야기할 수 있다.

◉ 차(茶)의 6대 성분
① 카데킨 (Catechins)
② 카페인 (Caffeine)
③ 데아닌 (Theanine)
④ 비타민 C (Ascorbic Acid)
⑤ 엽록소 (Chlorphyll)
⑥ 미네랄 (Mineral) (칼륨, 칼슘, 망간, 철 등)

예로부터 차(茶)는 몸에 좋을 것이라는 기대감으로 마셔왔다. 녹차를 하루 다섯 잔 이상 마시면, 대부분의 사람들에게 좋은 신체적인 변화를 가져다 주는 것은 사실이다. 이에 다인(茶人)들은 차의 생활화가 해독(解毒)작용, 항산화작용에 의해 노화방지, 스트레스 등을 다스리는데 도움이 되므로 권장한다. 또한 생활습관병 예방의 효능이 있다는 점도 강조하고 있으며 크게 6가지의 효능을 찾아 볼 수 있다.

◉ 차(茶)의 여섯가지 효능
① 인지증(認知症)을 개선한다.
② 당뇨병을 개선한다.
③ 암을 예방하는 데 도움을 준다.
④ 동맥경화 예방, 심장혈관경화를 다스려 준다.
⑤ C형 간염 환자들에게 말차음용과 약물투여 병행이 치료에 도움이 된다.
⑥ 비만의 경우, 체지방, 내장지방을 감소시키는 효과가 있다.

◉ 차(茶)의 주요 성분들을 자세히 살펴보면 아래와 같은 작용들을 하고 있음을 볼 수 있다.
① 폴리페놀 (Polyphenols) – 심장병 예방, 중금속 해독, 항산화작용, 피를 맑게, 살균 등의 작용을 한다.
② 카데킨 (Catechins) – 해독, 항산화, 구어혈(驅瘀血), 항암, 동맥경화 예방, 노화방지, 살균작용, 항암작용, 숙취 해소 등 효능이 높다. 차와 칡에 들어있다.
③ 플라보놀 (Flavonols) – 항산화, 해독작용을 하며 차, 콩, 콩잎, 들깻잎, 카카오, 은행잎, 양파, 양배추, 당근, 토마토에 들어 있다.
④ 데아닌 (Theanine) – 아미노산의 일종으로 스트레스 완화, 진정효과, 사고력 향상, 뇌의 알파파 증진작용을 하며 선(禪), 명상에 차와 말차가 도움을 준다.
⑤ 카페인 (Caffeine) – 차 속의 카페인은 천연카페인으로 두통, 피로회복, 숙취예방, 비만, 심장병에 도움을 준다. 차, 커피, 코코아, 콜라, 쵸콜릿, 피로회복 드링크, 감기약, 소프트드링크에 들어있으며 합성과 천연산은 구별되어야 한다.
⑥ 사포닌 (Saponin) – 말차 풀기를 할 때 찻사발 속에서 유화(乳花)가 아름답게 피는 것은 사포닌 덕분이다. 소염, 항암, 면역성을 높여주며, 지질저하 및 진정작용을 한다. 차, 말차, 칡, 인삼, 도라지, 콩 등에 들어있다.
⑦ 비타민 A, C, E, Se(셀레늄) – 비타민과 셀레늄은 항산화작용으로 노화를 막아준다.
⑧ 미네랄 (Mineral) – 역사적으로 살펴보면, 차마(茶馬)무역의 핵심은 채소와 과일을 못 먹는 혹한의 티벳인들과 몽골인들이 미네랄 결핍에 따른 아시도시스(Acidosis)로 목숨을 잃기 때문에 채소, 과일 대신에 미네랄 공급을 위해 차를 마셔야 했음을 알 수 있다. 차는 또한 혈액을 알칼리화해주기에 피부미용에까지 도움을 준다.

녹차는 색, 향, 미(色香味)로 마신다. 녹차의 녹색과 황금색은 플라보놀, 데아후라빈, 크로로필, 카테킨화합물이 나타낸다. 향은 테르펜, 알코올, 카르브닐, 에스텔 등 200여 가지가 조화로운 향기를 띄운다. 녹차의 성분은 맛과 향기와도 관련이 있다. '茶는 떫다,' '茶는 쓰다,' '茶는 향기가 난다.' 이렇게 느끼는 경우도 있다.

다 맞는 말이다. 차(茶)는 일반적으로 떫다. 차 성분인 카데킨은 폴리페놀인데 떫은 맛을 내지만 잘 우리면 좋은 떫은 맛이 된다. 쓴 맛은 카페인이, 맛난 맛은 데아닌에서 난다. 차(茶) 속의 청엽알코올과 엽록소는 향기를 뽑는다. 녹차 중 제일 상급인 우전 녹차는 지미(旨味, 맛난 맛)와 차향(茶香)이 특별하다. 차를 우릴 때 사용되는 물의 온도, 우리는 시간 등을 잘 조절하였을 때 감동스러운 녹차의 색향미를 맛보게 된다. 거기엔 동양의 지혜와 과학이 녹아있다.

많은 녹차의 효능들 중 해독작용이 제일 중요하다. 농약과다사용, 중금속오염, 술과 담배의 해악에 대해 녹차의 카테킨과 비타민 C는 도움을 준다. 노화방지를 위해 꾸준히 녹차를 마시고, 그 우리고 남은 찻잎을 산나물처럼 먹기를 권한다. 녹차에서 물에 녹는 가용성분은 30~35 % 정도이고 우리는 이 맛을 즐기고 있는 것이다. 물에 녹지 않는 성분 65~70 % 속에 비타민 A, E, 셀레늄, 섬유소, 미네랄 등 많은 유효성분이 남아 있다. 우린 찻잎을 버리지 않고, 소금을 조금 넣거나, 아니면 된장을 넣어 무쳐서 맛있는 나물 반찬으로 먹을 수도 있다. 또한 시중에 녹차 가루차도 많이 나와 있으니 가루차를 거품 내어 말차로 마시든지, 아니면 녹차빵, 녹차 아이스크림, 녹차빙수 등 다양한 디저트에 사용되고 있다.

차(茶)속의 카페인은 화학적 카페인, 커피에 있는 분리형 카페인이 아닌 길항 받거나 결합형(데아닌과 카데킨)으로 부드럽고, 흡수가 느려, 작용이 예민하지 않으며, 체내에 오래 남아있지 않고 배출된다. 우린 찻물을 식히면 데아닌과 향이 먼저 우러나고(물 사용온도50 ℃), 재탕(50~60 ℃)에서 카페인의 약간 쓴맛이 녹아나고, 삼탕(70 ℃)에서 카테킨이 우러나 약간 떫은 맛의 찻물을 즐기게 된다.

◉ 녹차의 주성분인 카데킨의 네가지 효능

① 녹차의 카테킨 (Catechins)이 콜레스테롤의 배출을 도와준다.

② 녹차의 카테킨은 피를 맑게 해주고 혈전을 용해시켜 준다.

③ 녹차의 카테킨은 지방의 구조를 잘라주고 연소를 도와준다.

④ 다른 카페인이 함유된 음료와는 달리 카테킨과 개버딘(Gaberdine)의 작용으로 혈압을 낮춰준다.

성분	작용	효능	맛, 향기
카테킨류 (Catechins)	항산화작용 해독작용 항돌연변이작용 항균 항바이러스 콜레스테롤 억제	해독작용, 살균작용, 노화방지, 항암작용, 동맥경화 예방, 인플루엔자, 식중독 억제, 발암 억제, 혈행 촉진	쓴 맛, 떫은 맛
데아닌 (Theanine)	진정작용 카페인 길항작용	사고력, 기억력 증강, 안정 및 진정 작용	맛난 맛
카페인 (Caffeine)	강심작용 이뇨작용 중추신경자극작용	각성작용, 피로회복, 두통, 편두통 치료, 신진대사 촉진, 숙취도움	쓴 맛
비타민C (Ascorbic Acid)	노화지연 과산화지질 생성억제 항산화 작용 항병력 증가 흡연자 애주가의 비타민 C 결핍도움	감기, 피로, 뇌출혈 예방, 스트레스에 대한 방어력 증강, 피로회복	쓴 맛
플라보놀 (Flavonols)	모세혈관 저항성 증가	냄새 제거 칼륨-순발력 증진 불소-치아건강	
미네랄 (Mineral)			
셀레늄 (Se)	중금속의 무독화 항산화작용	노화방지 항병력 증가	
아연 (Zn)		미각 회복 피부염에 도움 성장발육 촉진	

01
차의 성분과 효능비교

제5강

차의 역사

茶

차(茶)의 역사

차(茶)의 원산지는 인도와 중국 서남부지역이다. 세계적으로 알려진 인도의 홍차는 1498년에 유럽으로 전해졌으며, 16세기에 들어 중국 광둥에 들어온 포르투갈인이 최초로 차를 맛 본 서양인이라고 알려져 있다. 이렇게 차(茶)의 세계적 역사는 5000년의 역사를 가진 중국을 으뜸으로 여겨야 한다. 차(茶)의 동양권 전파는 인도에서 한반도로, 중국대륙에서 한반도, 그리고 일본으로, 중국대륙에서 일본으로 등 몇가지 설들이 있다.

01
세계의 차 생산지도

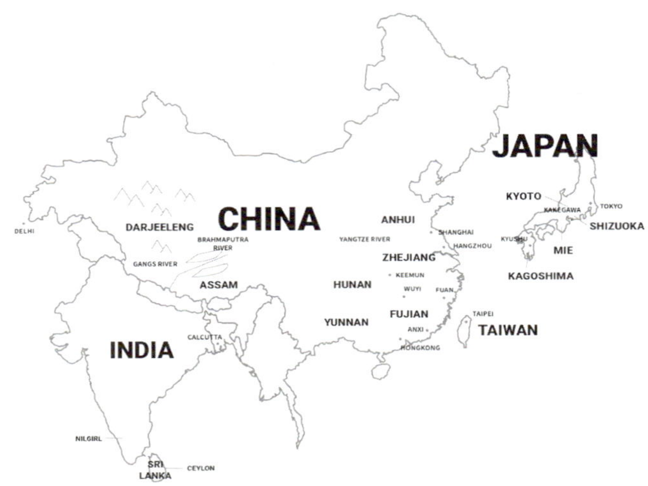

02
세계의 녹차 생산지도

03
뉴욕 맨하탄 차가게
T2 차 역사표

세계에서 차산지로 알려진 인도, 중국, 한국, 그리고 일본의 차전파 시기 및 문화역사를 정리해 보면 다음과 같다. 이를 통해 차의 역사가 차이가 큼을 알 수 있다.

한반도	고조선 부여	삼국시대				통일신라			고려	조선
		고구려	가야	백제	신라					
	백화차 백산차 고조선 BC 2333- BC108 부여 BC 1 - AD 300	백산차	AD 48 인도 아유 타국의 차 허황후 도입 김해 장군차	AD 파384 인도 승의 차 전파	화랑의 茶 석지조	원효의 茶 617-686 토산차 632-647 김교각의 茶 730 충담사의 茶 765	대렴공의 茶 唐 >> 신라 828	진감 선사의 茶 고운의 비 857-894	918- 고려청자 뇌원차	이목의 茶賦 1471-1498 임진왜란 1592-1598 백자 찻사발 조선>>일본 青柳茶(九州) 艸衣의 東茶頌

04
한국 차의 역사

중국과 티벳	殷代	漢代	唐代	宋代	明代
	神農의 茶 BC 3494	茶와 茶字	茶馬무역 陸羽의 「茶經」 AD 760 티벳의 茶 실크로드와 茶	團茶 茶馬무역 末茶 天目茶碗	煎茶와 茶罐

05

중국 차의 역사

일본	榮西의 「喫茶養生記」 1141~1215	千利休의 茶道 1522~1591

06

일본 차의 역사

유럽	1498	1602	1620	1662	1709	1773	1823	1839
	인도 항로와 홍차	포르투갈 중국에서 차를 가져옴	네덜란드가 중국차 수입	포르투갈 공주의 차사랑이 영국에 차를 전파	자기 다기 생산	미국 보스톤 차사건	영국인 로버트 부루스가 아쌈 차나무 발견	아편전쟁

07

유럽 차의 역사

세계 어느 곳에서든 끽다(喫茶)문화의 원향(原鄕)이 중국이라는 데는 이론(異論)이 없다. 그리고 차(茶)의 오랜 역사를 얘기할 때 염제(炎帝) 신농(神農)씨의 차와 해독의 설화를 들고 있다. 전래된 기록에 의하면 동이족인 신농(神農)은 산야를 돌면서 인간에게 적합한 여러 가지 약초와 수목의 잎을 시험하였다. 어느날 뱀에 물렸을 때 해독작용을 위해 찍어 바르는 외용약초 '괘불주머니'를 먹은 뒤 부작용이 나자 찻잎(茶葉)을 먹고 해독했다고 전해진다. 신농은 농사와 약초의 신이었다. 그의 생존연대를 기원전 2700년경으로 보고 있지만, 중국 진존인(陳存仁)의 의학자료에서는 기원전 3494년의 약학가(藥學家 The earlist Chinese Herbalist, 3494 B.C.)로 소개하고 있다.

신농(神農)씨의 의학에 관한 지식은 오랫동안 구전되어 오다가, 문자가 만들어지면서 양나라 도홍경(452-536)이 〈신농본초경(神農 本草經)〉으로 정리하였다. 신농은 찻잎(茶葉)을 약으로 응용하였으며, 2016년을 기준으로 하면 차(茶)가 약으로서의 내력은 5000년이 된다는 주장이다. 그래서 차(茶)의 신농(神農)씨의 기록을 보고 5000년의 차의 역사라고도 한다. 고대에는 차(茶)를 약으로 썼으며, 이후 차산지에서 식품으로 사용하였으며, 점차 일상생활에서 기호식품, 건강식품으로 현재까지 가장 많이 마시는 음료가 되었다.

08
신농이 개발한 농사용 가래(왼쪽) 신농씨의 모습(오른쪽)

한국의 차(茶)역사를 고조선, 고구려, 부여, 삼국시대, 고려, 그리고 조선시대로 나누어 상세히 관찰해 본다.

1. 고조선, 고구려, 부여의 차(茶)

많은 나라들이 음료를 신(神)에 대한 기원과 관련하여 사용하였음을 볼 수있다. 고조선, 부여, 고구려는 하늘제사 천신제(天神祭)를 올린 민족이다. 제(祭)를 모실때 자작나무의 백화차, 백두산주변에 야생하는 백산차(白山茶) 등으로 차(茶)를 달여 올렸다. 그래서 한국의 차(茶)의 역사를 2000년이 아닌 한국 역사와 같은 5000년으로 볼 수도 있다.

고조선 시대의 백화차는 자작나무로 만들어졌다. 〈향약대사전(鄕藥大事典)〉과 북한의 〈동의학사전(東醫學事典)〉에 따르면, 자작나무(華北白樺 Betula platyphylla Suk. var. japonica(Miq.)Hara), 그리고 만주자작나무(白樺 B. platyphylla Suk.)로 표명되어 있다. 나무껍질과 나무수액을 쓰며, 열을 내리고, 해독하며 통풍, 심장병, 해수 등을 다스림에 사용되었다. 자작나무(봇나무)는 우리나라 북부와 중부의 높은 산에서 자란다.

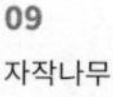

09
자작나무

백산차는 동약, 진달래과에 속하는 사철 푸른 떨기나무(Ledum palustre L.)의 잎을 말린 것이다. 백산차는 우리나라 북부 높은 산지대의 나무숲에서 무더기로 자란다. 계절에 상관없이 아무 때나 잎을 따서 말리며, 기침, 기관지염, 백일기침, 천식, 감기, 두통, 류머티즘성관절염, 신경통 등에 쓴다.

10
백두산의 백산차 꽃과 잎

2. 가야의 차(茶)

한국에서 현존하는 가장 오래된 역사서인 삼국사기(三國史記 1145년 완성)에는 가야국 김수로왕의 왕비 허황옥과 관련된 인도에서의 차 전래설이 담겨있다. 인도 아유타국(中印度)의 공주 허왕옥은 하늘의 계시를 받고 배필을 찾아 김해로 오려고 했으나 1차 항해는 풍랑으로 실패하였다. 두번째는 배의 구석마다 큰 돌을 놓아 항해를 성공하였으며, 남해안을 거쳐 김해로 오자 수로왕이 직접 맞아들였다. 현재 그 돌은 파사의 탑이 되어 있다. 허황옥은 한반도로 올 때 차씨앗을 가지고 왔으며, 그것이 가야의 차(茶)의 기원이 되었다. 기원 48년의 일이니 대락 2000년 전의 일이다. 이 차나무는 사천에선 황차(皇茶) 그리고 김해에서 장군차(將軍茶)로 불리며, 차인들은 '2000년 된 차나무'라 부르고 있다. 이러한 사실은 〈불교홍통사(佛教弘通史) (1918 이능화) 중 조선불교통사 (朝鮮佛教通史)〉에 기록되어 있다.

3. 신라의 차(茶)

삼국사기에는 가야의 차와 더불어 신라 경덕왕과 충담사(화랑 출신의 스님)의 삼화령(경주 남산)에서의 차(茶)와의 인연을 기록하고 있다. 충담사가 차(茶)를 우려내기 위한 다기를 넣어 이동할 수 있는 왕벚나무 상자인 앵통(櫻筒)을 사용하여 왕에게 차를 우려준 일, 왕의 명에 따라 향가 안민가(安民歌)를 부른 내용 등을 담고 있다. 이 외에도 삼국사기에는 신라 흥덕왕 3년(892년), 당나라에서 돌아온 사신 대렴공이 차(茶) 종자를 가지고 와서 왕명으로 지리산에 심었다는 기록이 있다. 대렴공이 차를 심은 이후 진감선사가 쌍계사와 화개부근에 차밭을 조성, 보급 하였다고 한다. 쌍계사 입구에 차시배지가 있다. 차는 그 이전 선덕여왕(재위 632~647)때 부터 있어 왔는데 흥덕왕(재위826~836)때 와서 아주 성행하였고, 승려와 화랑들 사이에 음다 풍속이 있었다고 한다. 수련에 활용한 차생활은 신라 화랑이 그 시작이고 그 증거로 야외 다회를 할 수 있는 돌로 된 다구인 석지조(石池竈)를 응용해 차를 달였음을 볼 수 있다. 선산 고아의 도리사(桃梨寺)에 있는 좌선대, 모례가정(毛禮家井, 529)을 통해 신라의 불교도입과 차(茶)와는 관련이 깊음을 볼 수 있다. 또한 아도화상이 신라불교를 포교한 곳이고, 당시의 신라우물이 보존되어 있다.

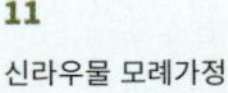
11
신라우물 모례가정

12
강릉에 재현된 화랑의 석지조(왼쪽은 화덕, 오른쪽은 물을 담는 물확)

화랑이 차(茶)를 헌다한 흔적은 청도 운문사 들머리에 있는 화랑 오계비(花郎五戒碑 576), 그리고 강릉의 석지조(石池竈)라 할 수 있다. 석지조는 차(茶) 끓이는 화덕과 물을 담은 물확이 함께 있는 다구로 신라만의 편리한 도구이다. 중국, 인도, 일본 등 차(茶)의 나라에서도 물확과 화로를 하나의 다구(茶具)로 만든 것을 찾아 볼 수 없다. 물확을 못으로, 화로를 부뚜막으로 표현한 것도 흥미롭다. 화랑의 야외 수련 중 석지조를 써서 차를 끓였다. 강릉 한송정 주변의 우물, 그리고 석지조를 고려 중기의 시인 노봉 김극기(金克己 1148~1209)의 다시(茶詩) 〈한송정〉에서 찾아볼 수 있다.

한송정 김극기

여기가 사선(四仙)이 유람하던 곳
지금도 남은 자취 참으로 기이하다.
주대(酒臺)는 쓰러져 푸른 풀 속에 묻혔고
다조(茶竈)는 나뒹굴어 이끼 끼었구나.

13
신라월지 토기찻사발

신라 월지(月池)의 벌에서 다시 발굴한 토기 찻사발(674)을 통해 당시 차(茶)의 사용을 추측하며, 경주의 안압지의 신라명칭은 월지(月池)이고 언정다영(言貞茶榮) 이라는 글씨가 쓰여진 토기다완-묵서다완(墨書茶碗)이 국립경주박물관에 전시되고 있다. 신라왕자였던 김교각 선사는 서기 729년경 당나라로 구도의 길을 떠나면서 신라의 차씨앗을 구화산에 가져가 차나무로 길렀으며 이를 금지차(金地茶)라 불렀다. 이 신라의 차씨앗은 현재 경주 양북면 함월산에 위치한 천년고찰 기림사(祇林寺)의 씨앗으로 알려졌다. 기림사의 창건설화에 따르면 기원년 전후 인도로부터 정토불교문화가 유입되었고, 이와 함께 급수봉다(汲水奉茶:부처에게 차를 달여 공양함)로 차 문화가 자연스럽게 유입되어서 한국 차 문화의 전래시기를 이천년전 전으로 보는 설을 뒷받침하고 있다.

14
경주 기림사 벽화-급수봉다(汲水奉茶)하는 모습

후에 김교각 선사는 득도하여 김지장보살이 되었고, 그의 족인석(足印石)은 지금 중국인에게 기원의 대상이 되고 있다. 신라의 차가 당나라의 금지차(金地茶)가 되었다. 특히 전남 승주의 대원사 김지장전 앞뜰에는 중국의 금지차나무를 다시 가져와 심어 무성히 자라고 있다.

15
필자 소장 금지차 화분

통일신라 887년에 진감선사(774~850)를 기리기 위해 세워진 진감선사비에는 1000년 신라차의 정신과 생활이 확연히 기록되어 있다. 비(碑)의 이수(螭首)에는 한자 서체중 전서(篆書)로 〈양해동고진감선사비(揚海東故眞鑑禪師碑)〉가 양각되어 있다. 비문에는 한자 서체중 해서(楷書)체가 사용되었으며, 고운 최치원(孤雲 崔致遠) 선생(857~894?)의 필치(筆致)다. 이 비에서는 차(茗 차싹 명), 돌솥(石釜), 가루낸다(屑 설) 등으로 그 시대의 차생활을 확연히 보여주고 있다.

16
진감선사비 원문(왼쪽)과 비석(오른쪽)

진감선사의 교육정신은 비석에 새겨져 있으며, 그 내용을 살펴보면 아래와 같다.

> 一心爲本, 汝等勉之
> (번역) 한마음이 근본이니 너희들은 힘쓸지어다!

> 復有以漢茗 爲供者, 則以薪爨 石釜,
> 不爲屑 而煮之曰, 吾不識是何味,
> 濡腹而已, 守眞汚俗, 皆此類也.
> (번역) 다시 한다(漢茶)를 올리는 이가 있으면 땔나무로 돌가마솥에 불을 지피고는 가루로 만들지 않고, 끓이면서 말하기를 "나는 맛이 어떤지 분별하지 못한다. 뱃속을 적실 뿐이다."고 하였다. 참된 것을 지키고 속된 것을 싫어함이 모두 이러한 것들이었다.

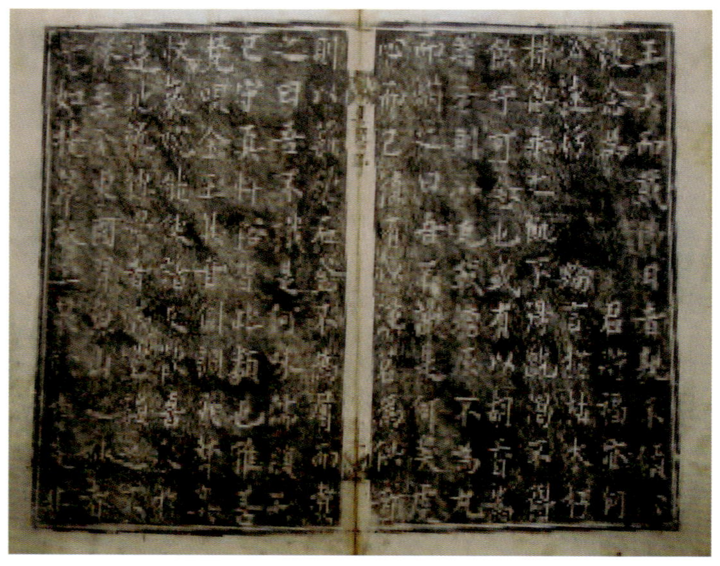

17
진감선사비 목판본
(진명사 소장)

4. 백제의 차(茶)

순천의 백제고찰 선암사에는 오래된 차밭, 차를 만드는 달마전, 좋은 물과 물확이 있다. 차를 만들 때 좋은 물을 사용하는 것이 중요함을 이곳 선암사의 물확, 즉 4개의 단계로 물을 정화, 구분하여서 최상의 물을 부처님께 공양용 차(茶)를 만드는데 쓰여졌음을 통해 배울 수 있다. 첫번째 단계의 사각형 석조의 물은 부처님 차공양, 두번째 원형 석조의 물은 밥공양용, 세번째 원형 석조의 물은 과일, 채소를 씻는 용도, 그리고 마지막 네번째 원형 석조의 물은 설거지용으로 사용되어 졌다.

18

선암사 달마전 물확 (사각형 석조 1기와 원형 석조 3기의 조합)

19

선암사 달마전 화덕

20

선암사 달마전 차솥

일본의 유명한 다인(茶人) 오가와 야에코(小川八重子)선생은 선암사 스님의 정갈하고 정성스런 차를 마시면서, 이런 글을 남겼다.

> **일본의 생활차는 상차(常茶)이고,**
> **선암사의 선차(禪茶)가**
> **내가 찾던 정차(淨茶)였다.**
>
> \- 小川八重子 茶人 -

선암사의 달마전에는 무쇠솥, 멍석, 찻물 끓이는 화덕이 있는데, 이중 화덕은 일본 농가의 거실에서 볼 수 있는 찻물 끓이는 화덕 이로리(囲爐裏)가 있어, 우리 차문화의 일본 전래설을 뒷받침하고 있다.

5. 고려의 차(茶)
신라 다음으로 불교문화의 발전과 생활화의 절정이었던 고려시대에는 궁중의 대소사, 외교관계 행사, 종교적 행사 때 (연등회, 팔관회 등 포함) 차(茶)를 올리는 절차가 있었고, 팔관회에는 다식도 함께 사용되었다는 설이 있다. 왕족 및 귀족들을 중심으로 마시던 차가, 불교의 영향으로 승려들의 수도 및 일상생활에서 차가 사용되어졌다. 또한 일반 백성들에게도 차가 전해졌지만, 그다지 쉽지는 않았다. 고려를 대표하는 청자의 발전과 다기로써의 사용 또한 중요한 차문화의 발전의 근원이 되었다. 고려말기와 조선조 초기의 고려 찻사발과 임진왜란과 정유재란 때 포로로 잡혀간 조선도공이 만든 찻사발로 인해, 일본다도의 꽃인 말차(抹茶)와 고려다완(高麗茶碗)이 일본의 다도를 격상시켰다.

21

고려청자 다완

6. 조선의 차(茶)

조선은 유교사상을 바탕으로 성립된 국가로, 고려의 불교를 배척하였고, 자연히 그와 관련되었던 불교적 행사와 의식, 차(茶)생활에도 영향을 미쳤다. 차생활이 대중적이었던 고려에 비하여 조선의 차생활은 일부 양반 계급에 의해서 명목이 유지되어졌다. 고려에 청자가 있었듯이 조선에서는 백자가 사용되었으며, 분청사기 또한 사용되었다.

우리나라 차문화의 중흥은 조선 후기 동시대의 석학인 다산(茶山) 정약용, 실학자이며 서예가인 추사(秋史 1786~1856년) 김정희, 다성(茶聖)으로 불리는 초의(艸衣)선사 등에 의해 이뤄졌으며 우리나라의 풍류다도(風流茶道)를 만들었다. 초의선사가 차에 대한 책인 다신전(茶神傳)과 동다송(東茶頌)을 저술하였으며, 다산 정약용 선생은 동다기(東茶記), 이목 선생은 다부(茶賦 661년)를 저술하였다. 초의 선사는 저서 동다송(東茶頌 1837년)에서는 옛 차의 산지(産地) 지리산 화개동과 그 규모를 40~50里라 했고, 채다(採茶), 그리고 차 만들기에 대해 이야기 한다. 또한 차 우리기에 철저하지 못한 승려를 꾸중한 대목에서, 오늘날의 차(茶) 마니아에게 자성(自省)의 글이 되어 있다.

智異山 花開洞
茶樹羅生四五十里
東國茶田之廣
料無過此者
洞有玉浮臺 臺下
有七佛禪院
坐禪者 常晩取老葉
晒乾然柴 煮鼎
如烹菜羹 濃濁色赤
味甚苦澁
政所云 天下好茶
多爲俗手所壞

지리산 화개동(花開洞)에 차나무가 사오십 리에 걸쳐 자라고 있는데, 우리나라 차나무 자생지로 이보다 더 넓은 곳은 없다. 화개동에 옥부대(玉浮臺)가 있고 그 밑에는 칠불선원(七佛禪院)이 있는데, 그곳에서 좌선하는 스님들이 항상 찻잎을 늦게 따서 땔감 말리 듯 말려 솥에다 시래기국 끓이듯 삶으니 색은 탁하며 붉고 맛은 몹시 쓰고 떫은 차를 만들어 마시고 있다. 이것이 바로 "천하에 좋은 차가 속된 사람들의 손에 의해 버려진다" 라고 하는 것이다.

22

지리산 차밭

그리고 우리나라 茶산지 및 차문화 유적지로 '동다송'에 아래의 9지역을 포함하였다.

東國(동국) : 우리나라
乳泉(유천) : 일지암의 좋은 샘물
木覓山(목멱산) : 서울의 남산
頭輪山(두륜산) : 대둔산, 대둔사와 일지암이 있다.
紫芋山房(자우산방) : 일지암의 다른 이름
玉浮臺(옥부대) : 칠불암 위의 臺에 위치 했음
智異山(지리산) : 영산이요, 茶산지
方丈(방장) : 지리산의 별칭
花開洞(화개동) : 하동군 화개, 야생차 산지

이 외에 '다경(茶經),' '만보전서(萬寶全書)' 등에서 차명(茶名)을 거명하면서 동국차(東國茶)의 우수성을 비교, 강조하였다. 자순(紫筍)을 비롯한 16종의 중국차(中國茶)와 동차(東茶)를 포함하여 동다송 중의 중국차는 18종으로 나뉘었다.

조선 후기의 효명세자는 다관(茶罐)이라는 시를 썼다.

다관(茶罐)
石爐焙火煮金鐺 百煎新茶蟹眼香
較如仙洞拘杞水 一勺猶能萬壽長
(해석) 돌화로에 차 말리고 쇠솥에 차 덖어
백번 달인 새 차에 게눈 거품 향기롭네.
비기자면 신선 동네의 구기자 물과 같아
한 잔으로도 만수무강 누릴 수 있지.

위의 시에서 배불(排佛) 분위기였던 후기 조선의 차생활을 그리고 있으며, 특히 차를 우리는 다관(茶罐)을 시의 제목으로 삼은 것도 흥미롭다. 임진왜란, 병자호란 그리고 억불정책으로 고려시대에 비해 차문화의 쇠퇴시기였다. 차생활, 차문화는 쇠퇴하고, 사찰, 궁중, 귀족, 차산지에서 겨우 명맥을 유지해왔다.

녹차라는 표현보다 작설차, 돈차, 황차 등이 왕실, 관료, 사찰에서 귀하게 쓰여졌고, 일반가정에서는 약초차, 민차가 명맥을 유지했으리라 추정된다.

7. 현대의 차(茶)

1910년 이후인 일제 시대 일본인들로 인해 한국 전남 보성 지역에 대규모 차 생산지가 처음으로 만들어졌으며, 이곳에서 생산된 차를 그들의 나라로 다시 가지고 갔다. 이때의 다원은 지리산의 화개였으나, 고려 때보다는 성하지 못하였다. 광복 후 우리문화 회복운동은 각 분야에서 이뤄졌으며 차에 대한 관심 또한 다시 늘어나기 시작하였다. 현재 녹차의 주산지는 보성의 보성다원, 하동의 쌍계다원, 한국제다 호남다원, 제주의 도순다원을 포함, 전남, 경남, 제주 등 여러 곳이 있다. 한국 차(茶) 1세대인 허백년, 최범술, 최규용, 김명희, 김종희, 박종한, 그리고 이정애 선생 등의 노력으로 생활차가 꽃피우게 되었다.

◉ 시대별로 선정된 한국의 주요 다인(茶人) 12명 그리고 그들의 업적을 정리해 보면 다음과 같다.

1. 원효 元曉 (617~686) - 元曉房
2. 김교각 金喬覺 (705~803) - 唐의 九華山, 金地茶
3. 충담사 忠談師 (?~?) - 신라 경덕왕때의 승려, 삼화령, 안민가(765), 앵통(櫻桶)
4. 최치원 孤雲 崔致遠 (857~892) - 진감선사비, 題詩石
5. 이규보 李奎報 (1163~1241) - 茶詩
6. 정몽주 圃隱 鄭夢周 (1337~1392) - 단심가, 茶詩, 임고서원
7. 김종직 金宗直 (1431~1492) - 함양다원
8. 김시습 金時習 (1435~1493) - 용장사의 차
9. 이 목 李穆 (1471~1493) - 다부(茶賦) , 五功六德
10. 정약용 茶山 丁若鏞 (1762~1792) - 東茶記, 茶信契
11. 김정희 秋史 金正喜 (1786~1856) - 茗禪등 서예작품
12. 초의선사 艸衣禪師 (1786~1866) - 東茶頌, 茶神傳 등의 저술, 일지암

23

대나무 밑의 차나무,
죽로차(竹露茶)

제6강

한·중·일 차와 차문화 비교

한·중·일 차(茶)와 차문화 비교

한.중.일의 차(茶)의 역사는 차이가 크다. 중국은 5000년전으로 거슬러 올라가 차의 역사가 가장 길며 약초와 농업의 황제인 신농씨에서 시작이 되었으며, 한국은 금관가야시대 허황옥(AD 48년)이 인도 아율타국에서 차 씨앗을 가져옴으로써 시작되어 2000년의 차역사를 가졌다. 이에 비해 일본은 800년이라는 가장 짧은 역사를 가졌는데 에이사이(榮西)선사가 중국 송나라에서 차씨앗을 가져다 심은 것이 시작으로 기록되어 있다.

01
한·중·일 차(茶)
역사 및 발전사 비교

동양 (중국, 일본)	연대	한국 - 부여, 고구려, 신라, 백제, 고려, 조선의 차(茶)
다수(茶樹)의 기원 中生代 약6500만년~2억650만년전	중생대	
식용, 약용, 음, 쇄다(晒茶)	원시시대	
신농(神農), 괘불주머니와 차, 가래의 등장, 불을 응용	BC 3494	
	AD 48	가야의 茶, 허황옥 왕후의 茶, 장군차
	AD 529	아도화상의 불교전파, 경북 도리사, 모례가정(毛礼家井)
	AD 540	화랑의 茶 -다구(茶具) 석 지조(石池竈)의 사용 - 수련과 茶
	AD 572	이차돈의 순교, 불교의 인정
	AD 674	서라벌 月池(안압지)의 묵서화토기구(墨書畵土器甌), 사발
	AD 676	신라의 삼국통일, 唐과의 교류, 천신제(天神祭) → 산신제 (山神祭), 원효(元曉)의 茶
당(唐) 전다법(磚茶法) -다경(茶經) 저술 육우(陸羽 733~804) (초고 761년, 3권 780년 완성)	AD 618 ~ 907	

	AD 696~794	신라왕자출신 승려 김교각(金喬覺) 차씨앗을 唐에 심어 금지차, 공경차로 생산
	AD 765	충담사(忠談師)의 안민가(安民歌), 연화대좌(蓮花臺坐), 앵통(櫻筒)
	AD 774 ~ 850	고운(孤雲 최치원)의 진감선사비 (AD830), 쌍계사, 신라 <석부(石釜)에 서 차를 달이다> 라는 증언
	AD 828	대렴공 唐에서 차씨앗을 가져와 지리산에 심다.
	AD 935	고려자기(고려다완), 차맷돌, 뇌원차, 팔관회, 이규보의 다시(茶詩)
송대(宋代) -전다법(煎茶法), 말차(末茶)	AD 960 ~ 1271	
원대(元代) -단차(團茶)	AD 1231~1257	몽골(元)의 침략
명대(明代) -엄다(淹茶), 다관(茶罐), 홍차(紅茶), 오룡차(烏龍茶)	AD 1368~1644	
	AD 1431~1492	김종직(金宗直)-다전(茶田)
	AD 1435~1492	김시습(金時習)-다시(茶詩)
	AD 1471~1498	이목(李穆)-다부(茶賦)
일본(日本) 千利休의 다도완성(茶道完成)	AD 1522~1591	
	AD 1592~1598	임진왜란 및 정유재란 - 도자기 전쟁, 도공, 茶民의 피납, 청류차

청대(清代) -의흥 (宜興), 자사호(紫砂壺), 경덕진다기(景德鎭茶器)	AD 1616~1912	
	AD 1762~1826	다산(茶山 정약용)의 다신계(茶神契)
	AD 1786~1856	추사(秋史 김정호)의 명선(茗禪)
	AD 1786~1866	초의(艸衣)의 동다송(東茶頌)
	AD 1816	강릉 선교장의 활래정(活來亭)다실(茶室)

1. 중국의 茶역사

중국 전국시대(기원전 2737년~818년)에서 차(茶)는 신에게 제사드릴 때 쓰는 제수용품이었다. 전국시대 말부터 서한시대 (기원전 206년~서기 230년)까지는 차(茶)가 공물로써, 채소로 이용되었다. 수.당.송대 (서기 600~1200년)에 와서야 음료화가 되었지만 귀족층의 전유물이었다. 이와 달리, 호남성의 소수민족 미얀마는 차를 약선(치료를 위한 음식)요리로써 응용하여 누구나가 활용하였다고 전해진다.

중국 최고(最古) 시가집(詩歌集)인 시경(詩經 BC 1100~600년)에 씀바귀로 만든 차(茶)의 소개를 볼 수 있다. 그 후, 한대(漢代 BC 59년)에 와서, 왕보(王褒)가 지은 노예계약을 기술한 동약(僮約)에서 차(茶)의 언급이 있었다. 또한 차(茶) 역사의 시대라 할 수 있는, 당송원명청(唐宋元明淸) 시대는 차(茶)의 내력에 더욱 관심이 깊어진다. 이에 중국 차(茶)는 당대(唐代)에 흥(興)했고, 송대(宋代)에 성(盛)했다고 말할 수 있다. 당대에는 떡차(돈차)가 성행, 송대엔 가루차(말차)가 그리고 명대에는 찐차(전차)가 성행했다.

중국 당나라(659년)때 쓰여진 신수본초(新修本草)라는 책에는 차가 원래 약으로 사용되었다고 전해진다. 당대(AD 618~907)는 조차(粗茶), 산차(散茶), 말차(末茶), 병차(餠茶) 등 다양하였으나,

그 중 고형차인 병차가 주류를 이루었다. 병차는 찻잎을 쪄서 시루에 찹쌀과 함께 넣고 찧어서 형틀에 넣어 굳힌 것이다. 차를 끓이거나 우릴 때는 불에 쬐고, 다연(茶研)에서 가루내어 솥에서 차와 파, 생강, 대추, 진피 등을 넣고 끓여서 마셨다. 중국 당나라 문인 육우(722~804)는 약재의 혼입을 중지시키고, 차(茶)에 약간의 소금을 넣어 차다운 차(茶)를 만들어 마셨으며 그의 저서 다경(茶經)에는 차(茶), 차(茶) 만들기, 차(茶) 우리기 등 다양한 차생활과 차문화가 녹아있음을 볼 수 있다. 당대에도 황제에게 바치는 공다(貢茶)가 성행하였고, 차(茶)의 조세법도 있었다. 당대의 다구(茶具) 중에 다연(茶研)은 목재였고, 당 청자(唐 靑磁), 완(盌 다완), 칙(則), 주자(注子 도기) 등이 쓰여졌다. 당대 유정량(劉貞亮)의 차생활문화대전에, 「茶의 十德(십덕)」은 차(茶)의 정신, 다도(茶道)를 알리는 중요한 글이 되었으며, 바람직한 차생활을 요약하고 있다.

一. 以茶散郁氣(이차산욱기) – 차로써 향기를 즐긴다.
二. 以茶驅睡氣(이차구수기) – 차로써 졸음(睡眠)을 쫓는다.
三. 以茶養生氣(이차양생기) – 차로써 원기를 돋운다.
四. 以茶除病氣(이차제병기) – 차로써 질병을 막는다.
五. 以茶利禮仁(이차이예인) – 차로써 예절을 갖춘다.
六. 以茶表敬意(이차표경의) – 차로써 경의(敬意)를 표한다.
七. 以茶嘗滋味(이차상자미) – 차로써 은은한 맛을 음미(吟味)한다.
八. 以茶養身體(이차양신체) – 차로써 건강을 지킨다.
九. 以茶可行道(이차가행도) – 차로써 도(道)를 실천한다.
十. 以茶可雅志(이차가아지) – 차로써 아름다운 마음을 누린다.

02

중국 서안 당궁중공원내 육우 기념 다실(입구)

03

중국 서안 당궁중공원내 육우 기념 다실(안)

송대(宋代 AD 960~1279)에 이르러 다록(茶錄), 대관다론(大觀茶論)등 전문 다서가 간행되고 차는 편차(片茶)로서 용봉차(龍鳳茶)와 산차(散茶)와 말차(末茶)와 다선(茶筅) 등이 사용되어 차의 전성기를 구가하였다. 다기(茶器)는 청자, 백자, 천목(天目) 등의 다완이 화려한 모습을 보여주었다. 보통의 가정에서 매일 빠트릴 수 없는 생활필수품들 중에 차(茶)가 들어갔음을 통해 차의 생활화가 얼마나 중요했는지를 알 수 있다. 또한 신농이 해독약으로 차를 사용했던 것이 그 기원이 되며, 기호품으로 마시게 된 것은 송나라 이후 부터이다. 또한 송나라때 에이사이(榮西) 선사가 일본으로 차씨를 가지고 가게 되어 일본 차의 시작을 열었다고 전해진다.

04
중국 차(茶)역사

AD 700	900 ~	1300	1400	1600	1900
당(唐)	송(宋)	원(元)	명(明)	청(清)	중국
떡차 병차(餅茶)	덩이차 단차(団茶)	덩이차 단차 (団茶)	우리는 차 엄차(淹茶)	팔대차 공부차 (工夫茶)	팔대차 공부차 (工夫茶)

명대(明代 AD 1368~1644)에 태조 주원장의 지시로 공이 많이드는 단차(團茶)는 금지시키고, 산차(散茶)만을 생산케 하여, 엄다법(淹茶法), 다호(茶壺), 자사다호(紫紗茶壺), 청화자(青花磁), 오채호(五彩壺) 등이 발전하게 되었다.

청대(1644~1912)에는 다양한 차가 생산되었으며, 우롱차(烏龍茶), 홍차 등이 세계시장에 선보였다. 다기(茶器)도 자사호(紫沙壺), 백자다완, 개완(蓋碗) 등 다양하였다. 명대에 시작된 공부차(工夫茶)는 후대인 청대에 이르러 전성기를 이루었다.

중국의 차(茶)는 도(道), 불(佛), 유(儒), 삼교(三教)가 융합된 정신이라 한다.

◉ 도교 - 청정무위(淸靜無爲)의 수행 → 「정(靜)」
◉ 불교 - 선종(禪宗)의 오도(悟道) → 「선(禪)」
◉ 유교 - 지수화풍(地水火風)의 조화 → 「유(幽) 」- 그윽하다.
- 「한(閑) 」- 여유롭다.
- 「청(淸) 」- 청심(淸心). 청결
- 「아(雅) 」- 조화로워 아름답다.

당대의 「다경」에서 육우는 차(茶)의 정신을 〈정행검덕(精行儉德)〉이라 했는데 바로 삼교(도교, 불교, 유교)의 정신을 담은 것이라 여겨진다.

중국의 8대차는 녹차, 백차, 황차, 청차, 홍차, 흑차, 화차(花茶) 그리고 공예차(工藝茶) 등이다. 그러나 7대 명차(銘茶)라면 복건성 무이산의 대홍포, 안계의 철관음(安溪鐵觀音), 절강성 항주의 서호용정(西湖龍井), 안휘성 황산의 황산모봉(黃山毛峰), 후난성 군산도의 군산은침(君山銀針), 안휘성 남단의 기문홍차(祁門紅茶), 운남성의 보이차(雲南 普洱茶) 등을 들 수 있다. 물론 중국차는 차와 약재를 혼합한 양생차, 전통 보건차인 팔보차(八寶茶) 등도 있으므로 폭넓게 차(茶)를 살펴 볼 필요가 있다. 이런 세계적으로 알려진 7대, 혹은 8대 중국차 이외에도 중국에는 1000~4000종의 차(茶)가 있다고 한다.

◉ 중국(中國) 8대차(八大茶)

1. 녹차(綠茶): 용정차(龍井茶), 벽라춘(碧螺春)
2. 청차(靑茶): 우롱차(烏龍茶), 암차(岩茶), 철관음(鐵觀音)
3. 백차(白茶): 백호은침(白毫銀針)
4. 황차(黃茶): 군산은침(君山銀針)
5. 흑차(黑茶): 보이차(普洱茶)
6. 홍차(紅茶): 기문홍차(祁門紅茶)
7. 화차(花茶): 계화(桂花), 말리화(茉莉花)
8. 공예차(工藝茶): 모란차(牧丹茶)

현대의 중국 다도정신은 염미화경(廉美和敬)이라고 하며, 자세한 뜻은 아래와 같다.

- 廉: 청렴, 검약 → 德
- 美: 건강, 미용, 웰빙, 우정 → 壽
- 和: 예절, 인화, 관심 → 仁
- 敬: 공경, 하심(下心), 상차(上茶), 경차(敬茶) → 忍

05

중국 녹차(위),
철관음 시음(아래)

땔감(柴), 쌀(米), 기름(油), 소금(塩), 장(醬), 식초(酢), 그리고 차(茶)를 포함하는 개문칠건사(開門七件事) 등은 중국인들의 주요 생활필수품이다. 차의 효능을 긴 역사 속에서 체험하고 확신하였기 때문에 차생활은 습관이 되었다. 중국인들은 술과 차를 수침수작(隨斟隋酌), 즉 〈수시로 떠서 수시로 마신다〉라는 가장 솔직하고 적극적인 음다법을 말한다. 어떤 이는 구체적으로 〈삼식육다(三食六茶)〉라는 말도 한다. 중국의 차생활은 쉽고 편한 방법도 있지만, 전문다관에선 다예(茶禮), 다기(茶技) 등 묘기를 선보이는 곳도 있다. 일반 생활차는 〈茶우리기 메뉴얼〉에 따라 쉽게 편하게 하지만 최소한의 원칙은 지키고 있다. 그 예로 중국차, 청차류(靑茶類)를 우리는 방법을 살펴보면 다음과 같다.

1. 정수(淨手) … 손을 씻고 닦는다.
2. 길구(洁具) … 다기, 다구를 갖춘다.
3. 온배(溫杯) … 다기, 찻잔을 예온한다.
4. 치차(置茶) … 다관에 찻잎을 넣는다.
5. 충수(沖水) … 끓인 물을 다관에 붓는다. 1~2분 정도 우린다.
6. 도차(倒茶) … 찻잔에 우려진 茶를 따른다.
7. 봉차(奉茶) … 찻잔을 차탁(茶托)에 받쳐 손님께 드린다.

◉ 중국차문화의 이해를 위해 주로 사용되는 한자용어들을 정리해 보았다.

1. 충포(冲泡) : 차(茶)를 우리다.
2. 홍배(烘焙) : 찻잎의 남은 수분을 불을 쬐어 말리다.
3. 다고(茶鼓) : 절에 음다 시간을 알리는 북소리
4. 다해(茶海) : 숙우, 주전자
5. 다선(茶船) : 다호 밑의 받침, 온기를 유지하고 넘치는 물을 받음
6. 다지(茶池) : 다호 밑의 받침, 온기를 유지하고 넘치는 물을 받음
7. 한신점병(韓信点兵) : 다관에서 마지막 방울방울 떨어지는 찻물로 본 저자는 Golden Drop 으로 표현하고 있다.
8. 다부(茶缶) : 차통
9. 다하(茶荷) : 찻잎을 보여주고, 다호에 찻잎을 넣을 때 쓰는 다기

10. 다칙(茶則) : 則은 測의 뜻이다. 넓은 茶匙(다시)
11. 다표(茶杓) : 좁은 다시, 다통(茶通), 다침(茶針)이 붙어 있다.
12. 다루(茶漏) : 좁은 다호에 찻잎을 넣을 때 쓰는 원통형 도구
13. 협잔(熁盞) : 다완을 덥히다.

06

귤 껍질에 쌓인 중국 보이차(위),
시음(아래)

07
보이차(왼쪽)와
보이차 자르는 모습
(오른쪽)

2. 일본 茶 역사

일본에 차(茶)가 소개된 것은 나라시대로 거슬러 본다. 하지만 한국에서 처럼 차(茶)가 귀했던 일본 또한 차(茶)의 대중화를 시키지 못했다. 이후 차(茶)의 보급화는 가마쿠라시대 임제종을 창시했던 에이사이 선사가 중국 송(宋)나라에서 들여오면서 부터였다. 한국처럼 불교를 숭상하던 일본에서도 승려인 에이사이선사가 송으로 1190년경 수행을 떠났으며, 돌아오는 길에 경전, 차씨와 차(茶)를 마시는 예법을 함께 들여왔다. 그 당시 차는 말차(抹茶)에 가까웠고, 에도시대에 들어서 센차(煎茶)가 차(茶)의 중심이 되면서, 대중화를 이루게 되었다. 현재 알려진 기록으로는 729년 일본 조정에서 차(茶)를 하사했으며, 일본 출전 쿠지콘겐(公事根源)을 보면 대략 일본의 차(茶) 역사는 800년으로 추측된다.

화경청적(和敬清寂)은 송(宋)나라에서 일본으로 온 정신문화(精神文化)로 일본 차문화에 깊히 심어져 있다. 화경(和敬)은 사람과 사람 사이의 마음가짐, 천지인(天地人)과 화(和)를 말하며, 청적(清寂)은 고요한 환경, 고요함과 깨끗함, 고요한 마음을 말한다. 또한 신라때 도육존자가 중국의 만년사에서 주석하면서, 차를 대중에게 공양했었던 곳으로 유명하다. 후일 일본에 차를 전한 영서선사(榮西禪師)가 이곳에서 공부를 하며 책 끽다양생기(喫茶養生記, AD 1214

년)를 전한 의미있는 곳이기도 하다. 끽다양생기(喫茶養生記)에는 “茶는 오장육부의 약이고 불로장생의 묘약(妙藥)이다.” 라며 차의 중요성을 말하고 있다. 이처럼 일본 차문화와 역사의 영향은 크게 중국 송나라에 두고, 그 사이 한국의 역할 또한 중요하게 작용했음을 후에 여러 곳에서 볼 수 있다.

일본의 다도는 무라타쥬코(村田珠光)에서 센노리큐(千利休 1522~1591)에 이르러 꽃을 피웠다. 무라타의 서민정신, 미의식(美意識), 와비(わび)정신은 승려 위주의 차생활을 서민, 가정의 차생활로 옮긴 것이다. 전국시대를 마감하며 일본을 통일한 무장인 도요도미 히데요시(1537~1598)는 최고 권력자로서 미학에 상반되는 금다실(金茶室)과 금다기(金茶器)로 변화되면서 미(美)의 세계, 예술분야의 왕자(王者)이며 일본 다성(茶聖)으로 불리는 센노리큐와 갈등하게 된다. 센노리큐는 소박하며 축소(縮小)의 미학으로 한 평 다실 다이앙(待庵), 다기, 다구, 다실 만들기, 다법, 다도정신과 실행 등 범예술적 다도 등 그의 실적을 들 수 있다. 또한 센노리큐의 자손들로 이루어진 일본 다도의 두 대표적인 유파인 우라센가(裏千家)와 오모테센가(表千家)의 계승을 통해 일본차의 역사를 살펴볼 수 있다.

일본차는 거의가 발효하지 않은 차로 잎을 찌는 방법으로 만든 증기에 찐차이다. 하지만 지역에 따라 찻잎을 덖어 제조한 부초차(釜炒茶, 덖음 옥록차)도 있다. 증제차에는 센차(煎茶), 후카무시센차(심증전차), 카부세차(冠茶), 쿄쿠로(옥로차, 玉露茶), 텐차(연차, 碾茶), 말차(抹茶), 증제 카마료쿠차(옥록차, 玉綠茶), 번차(番茶)를 들 수 있다. 또한 호지차와 겐마이차(현미차) 또한 알려진 증제차의 종류들이다. 일본의 차(茶) 원류가 신라, 백제, 고려, 조선에서 비롯된 말차를 많이 음용해왔으며, 현재에도 일본을 대표하는 차로도 소개가 되고 있음은 그 사실을 뒷받침해 준다. 비록 역사책에서의 기록을 찾아볼 수는 없지만, 시대적, 문화적 배경을 비교하면 한국의 영향이 있었음을 배제할 수 없다. 큐슈(九州)지역의 부초차인 우레시노차(嬉野茶), 옥록차(玉綠茶), 야매차(八女茶)를 살펴보면, 큐슈는 중국, 한반도와의 교류가 많았던 지역이라는 생각이 든다.

08
일본의 차광된 말차
차밭(위)
일본 말차(아래)

◉ 일본차의 종류

1) 증제차(蒸製茶)로 복하(覆下)재배하여 증기에 찐 차를 말한다.
   ① 전차(煎茶) – 옥로차(玉露茶)
   ② 말차(抹茶) – 연차(碾茶), 박차(薄茶), 농차(濃茶)
2) 부초차(釜炒茶)로 덖음차를 말한다.
   ① 청류차(青柳茶–아오야기차): 조선에서 일본으로 전해졌다.
   ② 우레시노(嬉野茶): 중국에서 전해진 덖음차
   ③ 번차(番茶), 호우지차(焙じ茶)

중국의 차(茶)가 1천종을 넘는다면 일본의 차(茶)도 100종 넘게 역시 다양하다. 일본차는 천류차(川柳茶)가 덖음차라서 값도 싸고 구수해서 우리 입맛에 맞다. 일본인이 소중히 여기는 차(茶)는 말차(가루차)와 옥로차다. 일본차의 또 하나 대표주자는 전차(煎茶)이다. 우리의 녹차처럼 다관에서 우려마시는 차다. 대부분 가정이나 사무실에서는 전차를 우려 마시는 것이 생활화되어 있다. 우리나라 최고급 녹차는 우전(雨前 곡우 전에 딴 첫물차)과 세작(細雀 4월에 딴 첫물과 두물차)인데 일본은 옥로(玉露 따기 전 20일 정도 반그늘에서 길러 '맛난 맛'을 높인 첫물차)이다. 옥로차를 우리기 위해 옥로차용 다기를 쓸 정도로 일본에서는 옥로차를 소중히 하고 있다. 일본 차가게에는 5월 중에도 고차(古茶, 지난해 茶)와 신차(新茶 입춘에서 88일째인 5월초)가 함께 진열되어 있다. 봄차(春茶) 이외에 가을 9월에 딴 차(茶)를 추차(秋茶)라고 하는데, 일본의 위치상 더운 지방임으로 한해에 두번의 차재배가 가능하다고 본다. 일본 말차는 흔히 쓰는 박차(薄茶 차나무 수령 10년 이상의 어린 잎)와 농차 (濃茶 30~100년 이상 고다수의 어린 잎)로 나누어지는데 박차는 풀어마시고, 농차는 걸쭉하게 개어서 3~5명이 큰 사발로 돌려가며 마신다.

현재 판매되고 있는 일본차에는 차(茶) 우리는 방법이 차봉지에 반드시 적혀 있는데 아래와 같이 표기 되어 있다. 그리고 우전(雨前)에 해당되는 옥로(玉露)의 다관(큐스 急須)의 크기가 다르다.

◉ 일본 차(茶) 우리기

① 찻잔(煎茶 上. 60 ㎖, 煎茶 中. 90 ㎖)

② 다관(急須 250 ㎖)

③ 옥로(玉露-急須 100 ㎖, 찻잔에 찻물 20 ㎖)

큐스(急須)라 불리는 일본 전차용 다관은 3인용이 약 250 ㎖, 찻잔은 100 ㎖를 많이 쓴다. 옥로용 다관은 3인용이라 하더라도 약 90 ㎖, 잔은 40 ㎖로 크기가 다른 잔에 비해 작다. 우전차가 향은 좋지만 맛이 싱겁다고들 하는데, 이를 보완하기 위해 우전차도 많이 권장하는 2 g이 아니라 3 g 정도 넣어야 제 맛이 난다고 생각한다. 옥로차 1인분은 3 g을 쓰며, 물 온도는 50 ℃로 식히고 우린다.

◉ 일본차 우리는 방법

차 이름	차 투입량	탕(湯)의 용량	온도	시간
옥로차	3g	15ml	50°C	30초
전차	2g	60ml	70°C	2분
심증전차	2g	90ml	90°C	30초
냉전차	2g	100ml	냉수	4~5분

차의식이 포함된 다도를 위한 말차의 사용과 전다도(煎茶道)가 있지만, 일반인들을 위한 일본의 생활차 개발로 인한 발전은 눈부시다. 전다도는 잎차를 다관에 넣고 뜨거운 물을 부어 찻물을 우려내 마시는 다법이다. 일본의 차문화를 지배하던 차노유(茶の湯)가 귀족화되고, 선승들이 타락하면서 차의 정신인 '다선일미(茶禪一味)'는 쇠락한다. 이에 따라 차인들은 차의 정신보다는 값비싼 다구(茶具)를 갖추는데 혈안이 돼 세속화되고, 이에 반발해 생겨난 게 전다도(煎茶道)다.

09
일본의 옥로인
시즈구차와 다기

◉ 일본 산지별 구별된 차

차 이름	산지명
宇治茶 (うじちゃ 우지차)	京都府 (교토시)
本山茶 (ほんやまちゃ 혼야마차)	静岡県 (시즈오카현)
八女茶 (やめちゃ 야메차) 星野茶 (ほしのちゃ 호시노차)	福岡県 (후쿠오카현) 및 근교
嬉野茶 (うれしの茶 우레시노차) 明茶 (めいちゃ 메이차)	佐賀県 (사가현) 및 근교
失部茶 (やべちゃ 야베차) 青柳茶(あおやぎちゃ 아오야기차)	熊本県 (구마모토현) 및 근교

일본은 중국과 한국으로 부터의 차(茶)와 차문화, 그리고 다기의 영향을 받았으므로, 일본 다도(茶道)를 韓中日의 종합예술로도 본다. 중국과 한국에서 건너간 일본차의 대표인 말차(송나라때 전해졌음), 조선 찻사발에서 기원을 둔 라꾸쟈완(樂茶碗), 조선의 도자기, 조선의 가옥, 사찰의 정원 등 다실 중심의 다도, 불교 생활과 축소지향, 절제, 그리고 소박함을 강조하는 일본의 미학(美學)이 종합된 하나의 예술이다.

◉ 일본의 말차(抹茶)

抹茶(말차) 다법 ← 중국 송나라
가루차(末茶)
가루차를 다완에 푼다 ← 신라, 백제, 고려의 차

10
일본의 말차 만드는 맷돌

11
일본 말차 분쇄하는 모습

◉ 일본 다완(茶碗)

다완 ← 도자기 – 다완 – 唐物 ┌ 송代 - 天目다완
└ 조선조 – 고려다완

다완 ← 후기 다완 – 조선인에 의한 라꾸다완(樂茶碗–일본 디자인, 찻사발)

註: 唐物 – 500여 년 전 일본에 수입된 宋, 고려, 조선의 도자기의 총칭

일본 차문화에 끼친 한국의 영향 중 일본다완(茶碗)은 한반도에서 건너가 꽃 피운 것이 많다.

- 고려다완 : 조선조 초기의 다완을 일컫는다.
- 가라츠야끼(唐津燒) : 큐슈, 임란때 조선도공의 작품
- 정호다완(井戶;이토) : 조선의 막사발
- 미시마다완(三島) : 조선도공의 작품
- 이라보다완(伊羅保) : 조선도공의 작품

라쿠다완(樂): 센노리큐(1522–1591년)가 꽃피운 와비차(侘茶 わび茶)의 다완에 응용한 것이다. 조선에서 건너온 아미야(阿未夜)의 아들인 라쿠조지로(樂長次郞)에 의해 만들어졌으며, 처음에는 흑다완(黑茶碗)이었으나, 나중 히데요시의 거부로 적다완(赤茶碗)으로 바뀐다. 이 적다완은 일본을 대표하는 다완이다.

마지막으로 일본의 차실(茶室 및 茶庭)은 중국과 한국과 비교해 그 크기 및 배치가 아주 특징적이다. 차실은 작은 문을 고개를 숙여 무릎걸음으로 들어가도록 만들어졌다. 차실의 배치는 작은 배의 문과 방을 연상하며, 한국의 옛집처럼 댓돌이 마련되어 있다. 센노리큐는 다실에 들어갈 때 고개를 숙이길 원했다. 그것은 차를 마시는 사람의 사회적 위치, 권위에 상관없이 겸허, 인고, 그리고 검소함을 강조하는 와비(わび)의 정신이 작은 차실에 담겨져 있다.

12

일본 차실

13

일본 큐슈 다인 사가라 선생의 점다

3. 한국, 중국, 일본의 차(茶) 비교

과연 한.중.일을 대표하는 차(茶)는 무엇인가? 중국을 대표하는 차(茶)는 8大茶 －녹차(綠茶), 백차(白茶), 황차(黃茶), 청차(靑茶), 홍차(紅茶), 흑차(黑茶), 화차(花茶), 공예차(工藝茶)로 나눌 수 있으며, 일본을 대표하는 차(茶)는 말차(抹茶), 녹차(綠茶), 번차(番茶)를 들 수 있다. 그리고 한국을 대표하는 차(茶)에는 녹차, 그리고 민차(民茶)를 들 수 있다.

◉ 飮茶(음다) 풍습의 차이

한국	중국	일본
녹차와 民茶 혼용	녹차와 꽃차(花茶)	말차(抹茶)와 전차(煎茶)

한국, 중국, 일본에서 자라는 차나무는 그 나라의 토양과 물, 기후에 따라서 달리 자라기 때문에 그리고 차를 만드는 방법의 차이에 따라 각기 차맛이 다르다. 예로 한국의 쌍계사에서 나오는 물로 자란 쌍계차가 품질이 좋아 한국을 대표하는 차로 유명하다. 또한 흙이 차맛을 좌우한다. 맥반석 성분이 섞여있는 토양에서 자란 한국의 차는 중국과 일본에 비해서 은은하면서도 구수한 맛을 낸다.

중국은 특히 차를 마실 때 향을 맡아보는 것을 중요시 한다. 예를 들어 아주 향긋한 냄새의 청차(靑茶)를 만들때는 향을 맡을 수 있는 긴 잔(문향배)을 사용한다. 이에 반해 일본의 녹차는 쪄서 만든 차로 색깔이 진하며 맛 또한 풋내가 나며 빨리 우러나 더 진하다. 일본차 중 전차(煎茶)는 특히 찻물이 연두색을 띄며 아름다워 찻물 빛깔을 감상하며 마실 수 있는 특징이 있다.

1) 차 만드는 법(製茶法)의 차이

	한국	중국	일본
솥	釜炒, 平釜	釜炒, 傾斜釜	茶釜, 傾斜釜
	부초 평부	부초 경사부	차부(가마) 경사부
만들기	덖는다	덖는다	찐다

◉ 한.중.일에서 음용된 다양한 차(茶)와 다기의 시대적 비교

중국	원시시대	한(漢), 수(秦)	당(唐)	송(宋), 원(元)	명(明)	청(淸)	
	쇄차(曬茶) (말린차) 약용 식용 음용 신농의 茶 BC 3494 운남古茶樹 BC 800~ 1000년	병차 (餠茶) 단차 (團茶)	병차 단차 말차 (녹,백,황,청,흑차)	말차 (末茶) 천목(天目)다완 연고차 (硏膏茶) 용단봉병 우롱차	1391 잎차 포다법(泡茶法)의 완성	1500 다호 (茶壺)의 등장	1616 茶의 전성기 산차(散茶) 긴압차(緊壓茶)
한국		고구려/백제	신라	고려	조선	조선	근세 조선
		백산차 (白山茶) 가야 허황후 인도에서 차씨를 가져옴 AD 47	불교 417 화랑의 茶 석지조(石池竈) 지리산 차茶 (828대렴) 土器잔 土器사발	가루차 청자 다기	백자 (白磁) 분청사기 사발	동의보감 茶의 쇠퇴기	전차법 (煎茶法)
일본				에이사이 선사(榮西禪師)의 말차 (抹茶) 끽다양생기 1211	다도의 성립 1580~90 千利休 居士 1522~91 연차(碾茶) 草庵茶 와비차 (わび茶, 소박한 다도) 點茶法 이도다완 (井戶茶碗)	1738 전차(煎茶)	1885 옥로차 (玉露茶)

2) 차 우리는 법의 차이

차(茶) 중에서 한국인이 좋아하는 녹차를 비교하면, 중국과 일본에서 녹차를 우릴 때 뜨거운 물을 사용하는 것이 70 ℃의 식힘물을 쓰는 우리 녹차만들기와 다른 점이다. 물론 제조방법 또한 달라 색, 차의 향, 맛이 각기 다르다.

◉ 한국의 상급녹차

3잔 기준으로 찻잎 6g을 다관에 넣는다.
끓인 물 200㎖를 70℃ 정도로 식힌다.
식힌 물을 다관에 부어 우린다.
우리는 시간은 1분 정도 둔다.
3~4탕 우린다.

◉ 일본의 상급녹차

3잔 기준으로 찻잎 6g을 다관에 넣는다.
끓인 물 170㎖를 70℃ 정도로 식힌다.
식힌 물을 다관에 부어 우린다.
우리는 시간은 1~2분 정도 둔다.
3탕 우린다.

◉ 중국의 서호용정

3잔 기준으로 찻잎 9g(1인분 3g)을 다관에 넣는다.
끓인 물100㎖를 80℃정도로 식힌다.
식힌 물을 다관에 부어 우린다.
우리는 시간은 2~3분 정도 둔다.
3탕 우린다.

3) 녹차 우린 맛과 잎의 모습과 색의 비교

◉ 한국 녹차 : 맛은 은은하고 순하다.
옅은 황록색 찌꺼기 - 황록색

◉ 중국 녹차 용정차(龍井茶) : 유념(柔捻-부드럽게 비틀며 비비는 작업)을 짧은 시간에 하므로 찻잎에 상처가 적어 뜨거운 물에 우려 마실수 있으며 향이 강하다.
옅은 황색 찌꺼기 - 황색

◉ 일본 녹차 : 차광재배를 하여 감칠맛이 나며, 산뜻하며, 향이 강하고 색이 짙다.
약간의 녹색 찌꺼기 - 푸른색

차(茶)의 맛은 다기(茶器)가 좌우한다. 다관은 한.중.일 모두 다르다. 다관의 용어는 한국의 다관(茶罐), 중국의 다호(茶壺), 일본의 큐스(急須)로 달리 불려진다. 중국의 다기는 앙증맞을 만큼 작고 아름다운 자사호(紫沙壺), 개완(蓋碗), 통찻잔 등 차에 따라 도기(陶器)류를 다양하게 쓰고 있다. 일본은 자기(磁器)보다 도기(陶器)에 가까운 화려한 붉은색 (赤), 갈색(褐)의 다관과 개완(蓋碗) 등을 활용하며 구연부가 넓어서 기능이 뛰어난 편이다. 한국 다관은 자기(磁器)로서 중국과 일본의 중간 크기로 여유로움과 소박한 아름다움을 가져 친근하다.

한국에선 녹차를 우릴 때 대부분 녹차의 색을 감상하기 위해 백자(白磁)다기, 다완(茶碗)을 쓴다. 녹차를 우릴 때 백자 다관으로 3인 기준 150~170 ㎖ 정도의 크기를 써서 차 우리는 기본을 지키고 있다. 찻잔은 75 ㎖, 담는 찻물은 50 ㎖로 잔의 크기 또한 적절하다. 뜨거운 물을 바로 사용하는 중국 찻잔은 아주 작고, 한국은 75 ㎖의 찻물을 담을 수 있는 것으로 가운데 크기이며, 일본 찻잔은 제일 크다. 일반적으로 찻잔과 다관의 크기가 기본화 된 중국과 한국에 비해, 일본은 차(茶)별로 다른 크기를 사용하고 있다. 그 예로, 일본은 다관의 선택에서 옥로용은 100 ㎖ 용량, 고급전차용은 250~300 ㎖ 용량, 그리고 번차용은 600 ㎖ 용량 크기를 사용한다.

◉ 한.중.일의 찻사발 및 다기 비교

나라명	한국	중국	일본
성격	소박함	화려함	실용적
다기	백자	경덕진 다기 (景德鎭 茶器)	옥로다기(玉露茶器)
	찻사발, 5인 다기	자사호(紫沙壺)	라꾸짜완(樂茶碗)
	정호다완(井戶 茶碗)-청자	天目茶碗	수입다기(高麗茶碗, 天目茶碗)

14

일본 시즈오카
차박물관에서 우려진
일본 녹차

15

중국 자사호 다관

16

중국 다기 가구가게
내의 다탁들

한.중.일은 같은 한자문화권이지만 3국이 사용하는 차용어(茶用語)에는 큰 차이가 있다. 그 예로, 다도(茶道) / 다예(茶藝) / 다례(茶禮)의 표현들은 3국에서 달리 사용되고 있음을 볼 수 있다. 중국에서는 행다(行茶 - 다도에서 茶 우리는 것)를 다예(茶藝)로 표현을 하며, 다관(茶館 - 茶 파는 찻집)에서 예술공연과 약간의 음식이 함께 하는 예기(藝技)에 가깝게 사용되고 있으며, 가정에서는 생활차를 사용하고 있다. 한편, 일본에서는 예절교육, 정신교육, 신부수업 등 생활교육의 하나로 절차를 중요시하는 다도(茶道-Tea Ceremony)가 있으며, 한국에서는 다례(茶禮, 차예절)라 하여 인성교육으로 참을성 기르기, 상대를 공경하기 등으로 차회(茶會) 혹은 가정에서 활용하고 있다.

◉ 한.중.일의 차용어(茶用語)의 비교

한국	중국	일본
茶罐 (다관)	茶壺(다호)	急須(きゅうす, 급수) ← 急燒(中國)
茶沙鉢(찻사발)	茶碗(다완)	茶碗(ちゃわん, 다완)
行茶 烹茶(행다 팽다)	淹茶(엄다)	煎茶(せんちゃ, 전다)
末茶 (말차)	末茶(말차)	抹茶(まっちゃ, 말차)
熟盂 (숙우, 식힘사발)	茶海(다해)	湯冷まし(ゆざまし, 숙우)
茶禮 (다례)	茶藝(다예)	茶道(ちゃどう, 다도)

한.중.일의 다도, 차문화의 정신을 살펴보면 다선일미(茶禪一味) 라는 불교 정신이 녹아있는 것은 三國 모두의 공통점이다. 중국은 좋은 차와 다기를 사용하여 극진히 대접하며 좋은 인간관계를 유지하는 것을 중요시하는 반면, 일본은 다실의 소박하고 고요한 분위기 속에서 인간관계를 중요시했다. 한편 한국은 어느 형식에 너무 치우치지 않는 자연스러움을 통해서 인간관계를 유지하는 차문화를 가졌다.

◉ 차이점

• 중국 : 廉美和敬(염미화경)
- 청렴, 검약, 精行儉德(정행검덕)
- 건강 장수
- 좋은 인간관계
- 좋은 茶, 좋은 다기로 극진히 대접한다
- 육우의 다경(陸羽의 茶經)에서의 가르침

• 일본 : 和敬淸寂(화경청적)
- 화경 : 인간관계
- 청적 : 茶室(다실)의 소박하고 고요한 분위기
- 송대(宋代 元甫장로의 가르침)

• 한국 : 中正 (중정)
- 정확하고 치우치지 않는다.
초의선사의 東茶頌(동다송)에서의 가르침
行茶에서는 〈中正〉이란 뜻이 가장 가까움

차(茶)를 감상하는 법 또한 3개국이 각기 다르다. 색.향.미(色香味)로 감상하는데, 중국차는 향을 중시하는 우롱차의 향긋한 맛은 그 예로 들 수 있다.

일본차는 차가 우러난 빛깔을 감상하면서 마실 수 있는데, 전차의 아주 진한 연두색이 마치 숲을 바라보는 듯한 느낌을 준다. 이에 비해 한국차는 맛을 중요시하여 구수하면서도 은은한 향을 즐길 수 있는 수수한 감상법을 사용한다.

17
중국차 향을 맡는 모습

제7강

민차(民茶)란 무엇인가

민차(民茶)란 무엇인가

민차(民茶)는 차(Tea), 커피(Coffee)와 함께 세계 3대 차에 들어간다. 민차(民茶)란 농가의 생활차, 민간요법으로서의 다료(茶療), 병을 예방, 치료하는 약초차이며 일종의 치료차(Healing Tea)이다. 이에 약초차를 통틀어 민차, 혹은 건강차라고도 부른다. 민차에는 약초차 및 꽃차들인 데, 백산차, 쑥차, 솔잎차, 조릿대잎차(山竹茶), 뽕잎차, 감잎차, 메밀차, 생강차, 대추차, 보리차, 오미자차, 결명자차, 국화꽃차(감국차), 연꽃차, 민들레차 등을 들 수 있다.

민차(民茶)는 크게 잎, 꽃, 과일, 열매, 뿌리의 사용으로 차(茶)의 종류를 구분한다.

- 잎(葉) : 잎차(녹차), 쑥, 어성초, 솔잎, 뽕잎, 조릿대잎, 박하(Mint), 감잎, 은행잎, 로즈마리(Rosemary), 연잎
- 꽃(花) : 국화(감국, 산국), 매화(청매), 금은화, 백련, 동박꽃(생강나무 꽃), 목련꽃, 금목서꽃, 칡꽃, 진달래, 홍화, 라벤더, 카모마일(Chamomile), 자스민(말리화,茉莉花)
- 과일(果) : 유자, 모과, 매실, 대추, 리치
- 씨앗(子) : 구기자, 오미자, 결명자, 율무, 보리, 옥수수, 커피(Coffee)
- 뿌리(根) : 칡, 황기, 인삼, 당귀, 둥굴레(황정), 울금, 생강
- 전초(全草) : 민들레, 제비꽃, 어성초

1. 서양의 민차(民茶 Herbal Tea)

예로부터 유럽에서는 향초, 약초인 허브(Herb)를 우려서 차로 꾸준히 마셔 병을 예방하거나 치료하는데 사용했다. 다양한 민차(民茶)들 중에서 라벤더(Lavender), 카모마일(Chamomile), 민트(Mint) 그리고 덴델리온(Dandelion)이 제일 대중적으로 알려져있다. 차 외에도 향을 이용한 아로마 치료법 (Aroma Theraphy) 또한 널리 알려져 있다. 또한 서양에서는 허브와 꽃을 이용하여 화장품 및 목욕제품으로 만들어 쓴 역사가 길다. 진정작용을 하는 카모마일, 향이 강한 라벤더(Lavender), 은은한 향의 로즈힙(Rosehip) 등이 사용되었다.

• 보랏빛의 향기로운 라벤더 티(Lavender Tea)
라벤더 티는 경련완화, 진정, 말초 순환 촉진, 소화촉진, 항염증작용, 숙면 유도, 스트레스 해소 등의 작용을 한다.

• 서양국화 카모마일 티(Chamomile Tea)
카모마일은 피로회복, 진정, 소화촉진, 눈의 충혈, 스트레스 해소 등에 유효하다.

• 서양 민들레 덴딜리온 티(Dandelion Tea)
건위, 보간(補肝), 해독, 피로회복, 이뇨작용에 도움이 된다. 뿌리를 노랗게 볶으면 그 향과 맛이 커피와 닮았다고 해서 "민들레 커피"라고 불린다. 꽃, 잎, 뿌리를 볶는데, 뿌리는 잘라서 더 볶으면 좋은 차가 된다.

서양민차에는 허브를 섞어 처방이 되었는데, 마테와 민트(Mate + Peppermint), 라벤더(Lavender), 세이지(Sage), 그리고 혼합민트(Lavender + Sage + Pepermint), 장미(Rose), 카모마일(Chamomile), 그리고 혼합민차(Rose + Chamomile + Lavender), 레몬그레스와 민트(Lemongrass + Mint), 로즈마리(Rosemary), 세이지(Sage), 혼합민트(Rosemary + Sage + Peppermint) 등이 있다. 일반 서양차전문점에 가면 단일종 순수 허브차 이외에 몇 가지 차가 블랜딩 된 허브차를 쉽게 구입할 수 있다. 가정에서 화분에 혹은 정원에 허브를 심어 직접 기른 허브를 차로, 음식에 넣어서 식음을 하고 있는 것을 통해, 그들의 생활 속에 허브가 깊이 함께 하고 있음을 볼 수 있다.

01
민트 차

2. 중국의 민차(民茶)

중국의 민차는 꽃차가 주종을 이룬다. 약재로 많이 쓰이는 목련꽃, 홍화, 용안육 등이 민차로도 활용되고, 차와 더불어 혹은 향기를 입혀서 쓰는 향차(香茶, 香片茶)로 쟈스민차(茉莉花 말리화), 국화차(抗白菊 항백국), 계화차(桂花茶), 나한과차 등이 자주 음용되고 있다. 중국의 민차는 다료(茶療-병의 예방, 치료에 도움이 되는 차), 약선(藥膳-한약재를 응용하여 병의 예방, 치료에 도움이 되는 음식) 등으로 활용되는 약재와 관계가 깊다. 기호음료로는 그다지 향, 맛이 두드러지지 않지만 약성(藥性)에 초점을 맞추고 있는 경우도 많다. 감잎차, 결명자차, 구기자차, 항백국(抗白菊), 댓잎차, 목련꽃차(辛夷茶 신이차), 홍화차, 생강차, 쟈스민차, 계화차, 연꽃차, 해당화차, 장미차 등 단일 꽃, 씨앗, 열매 등을 이용한 차가 있고, 차(茶)와 약재 등이 혼합된 감비차(減肥茶), 팔보차 등 약차(藥茶)에 가까운 차(茶)에 이르기까지 다양하다.

중국을 대표하는 화차(花茶 Scented Tea)는 쟈스민 즉, 말리화(茉莉花)향을 흡착시킨 쟈스민차와 청차에 계화를 혼합한 브랜드 화차를 흔히 만날 수 있다.

02
쟈스민 차 꽃(왼쪽)과 둥글게 만 쟈스민차 (오른쪽)

중국의 화차(花茶)는 한가지 꽃으로 만든 차 만이 아닌, 다른 차(茶)와 함께 응용하여 사용되고 있다.

- 녹차 응용 – 계화차(桂花茶) : 녹차 + 계화

  말리화차(茉莉花茶, 쟈스민티) : 녹차 + 말리화
- 홍차 응용 – 여지홍차(荔枝紅茶) : 여지 + 홍차

  매괴홍차(玫瑰紅茶) : 해당화 + 홍차

• 청차 응용 - 계화철관음차(桂花鐵觀音茶) : 계화 + 철관음차
말리오룡차(茉莉烏龍茶) : 말리화 + 오룡차
• 흑차 응용 - 보국차(普菊茶) : 보이차 + 국화차

3. 일본의 민차(民茶)

일본의 대표적인 민차(民茶)로 결명자차(はぶ茶, 하부차), 감잎차, 조릿대잎차(山竹茶), 민들레차, 쑥차, 국화차, 벚꽃차, 다시마차(昆布茶), 어성초차(十藥, 도구다미), 구기잎차, 소엽차(蘇葉茶), 율무차 등이 널리 사용되고 있다.

03
일본 하부차(결명자)의 꽃

04
결명자 씨앗 볶음

일본의 옛 가정의 거실에는 전통난방 장치 "이로리(囲炉裏いろり)" 가 있었다. 이에 항상 방안에 물을 끓일수 있는 열탕기가 있으며, 차(茶)를 우려마시는 장치로도 이로리가 사용되어졌다. 따라서, 이로리는 일본의 민차(民茶)와 녹차가 생활화되는데 큰 도움이 되어 왔다.

05
이로리 장치

4. 세계의 민차
자주 음용되는 민차(民茶)는 보리차, 옥수수차, 결명자차, 둥글레차(黃精 황정), 생강차, 율무차, 유자차 등이 주류다. 민차에 관심이 있는 이들은 국화차(甘菊茶 감국차), 뽕잎차, 솔잎차, 은행잎차, 메밀차, 쑥차, 연꽃차(백련꽃-백련, 홍련, 청련), 산죽차(山竹茶) 등을 응용하여 민차를 만들고, 저녁이면 녹차대신 활용하고 있다. 민차는 몸과 마음을 다스리는 치료차(Healing Tea)로, 다료(茶療 생활습관병과 대사증후군의 치료 및 해독작용)에 응용하고 있다.

또한 사계절이 뚜렷한 한국의 계절에 맞추어, 계절과 궁합이 맞는 茶(정통차와 민차를 포함)로는 아래와 같이 구별된다.

(1) 봄 - 녹차, 감국차, 생강차, 카모마일티
(2) 여름 - 녹차, 오미자차, 황기차, 홍화차

(3) 가을 – 녹차, 청차(우롱차, 철관음, 동방미인), 황차(황금차), 차즈기차
(4) 겨울 – 녹차, 홍차, 흑차(보이차), 두충차, 대추차, 인삼차, 은행잎차, 어성초차, 겨우살이차 등

06
대구 약령시의 다양한 차 전시

◉ 증상으로 본 민차(民茶)의 효능은 아래와 같이 나누어진다.

(1) 간질환
– 녹차, 민들레차, 울금차(鬱金茶)

(2) 감기, 몸살 : 만병의 원인이기도 하며, 풍사(風邪)라고도 하였는데, 몸의 면역력이 떨어졌을 때 감염된다. 손 씻기, 면역력 기르기, 마스크 사용, 목도리 사용, 알러지 다스리기, 추위 예방, 과로 피하기, 茶요법, 식이요법 등이 있다.
– 녹차, 감잎차, 국화차, 카모마일차, 생강차, 뽕잎차, 목련꽃차, 솔잎차, 진달래꽃차, 홍차, 三大陸茶(Jason Winters Tea), 진피차(陳皮茶), 에키나시아(Echinacea) 차를 사용하면 도움이 된다.

(3) 고혈압 : 고혈압은 대부분 주치의의 평생 관리를 받으며 약물치료를 해야 한다. 그러나 구어혈차(驅瘀血茶)는 동맥경화(動脈硬化)를 다스리는 차(茶)로 도움이 된다.
– 솔잎차(陰乾), 다시마차, 쑥차, 녹차, 알로에차, 오룡차, 은행잎차, 감잎차, 결명자차, 어성초차, 뽕잎차, 루이보스티, 구기자차, 연꽃차, 연잎차, 겨우살이차, 카모마일차가 좋다.

(4) 기침, 가래, 기관지염 : 알러지, 오염, 감염 등이 원인이 될 수 있다.

– 녹차, 감국차(甘菊茶), 뽕잎차, 민들레뿌리차, 차즈기차, 도라지차, 더덕차, 차전자차(질경이차), 박하차, 매실차, 유자차가 좋다.

07
미국 수퍼마켓에서 흔히 볼 수 있는 에키나시아 차제품(티백)

08
만개한 에키나시아 꽃밭

09
박하 차(페퍼민트) 차 잎

(5) 냉(冷), 부인병 : 손발과 아랫배가 차다.
- 홍화차, 샤프란차, 당귀차, 연꽃차, 해당화차, 장미차, 생강차, 대추차, 계피차, 사물탕차, 쌍화차, 홍차, 보이차가 좋다.

(6) 노화방지 : 사람은 누구나 40세를 넘기면 피와 혈관과 살결이 노화하기 시작한다고 한다. 그러나 생활습관 관리 여하에 따라 개인차가 크다.
웰니스 관리를 잘하면 생리적 노화도 늦출 수 있지만, 관리를 잘못하면 생리적 노화와 병적 노화(病的 老化)까지도 불러올 수 있다. 노화방지(老化防止)를 하는 茶나 음식은 항산화작용음식 즉 불노식(不老食)인 셈이다.
- 녹차, 말차, 울금차, 진달래꽃차, 둥굴레차, 루이보스차, 대작차(大雀茶), 현미차, 은행잎차, 쑥차(醫草, 艾葉차), 어성초차, 감국차(甘菊茶), 마테차, 하수오차, 오미자차, 솔잎차, 산죽차, 연꽃차, 연잎차 등이 도움이 된다.

(7) 당뇨병 : 혈당이 높으면 꾸준히 주치의의 처방에 따라 약물요법, 운동요법, 식이요법은 철저히 관리되어야 한다. 혈당을 조절하는 한방의 처방은 육미환(六味丸), 팔미환(八味丸)이고 주 약재는 참마와 산수유(山茱萸)라는 것은 널리 알려진 사실이다.
- 김네마차, 녹차, 홍삼차, 구아바차, 유칼리차, 삼대륙차, 산죽차, 금은화차, 홍삼차, 구기자차, 구지뽕잎차, 인삼(蔘)차, 말차, 참마차(山藥茶), 옥수수꽃차, 솔잎차, 루이보스차(Rooibos tea), 둥굴레차, 결명자차 등이 응용된다.

(8) 동맥경화 : 피 속에 지방분의 대사가 원활치 않아 중성지방이나 나쁜 콜레스테롤 때문에 동맥이 경화되는 증상으로, 어혈증(瘀血症)의 하나이고, 노화현상이기도 하며, 고혈압과 심장병의 원인이 될 수도 있다.
– 메밀차, 녹차, 말차, 홍차, 황차, 보이차, 어성초차, 마테차, 알로에차, 구기자차, 쑥차, 오룡차, 다시마차, 표고버섯차, 루이보스티, 솔잎차, 은행잎차, 오가피차, 감국차(甘菊茶), 잇꽃차, 감잎차 등을 일상으로 마시면 좋다.

(9) 면역능 저하 : 과로, 편식, 미식, 과식, 과음, 운동부족 등은 면역력을 떨어뜨린다. 면역력이 떨어지면 감기, 알러지, 아토피 등에 걸리기 쉽다.
– 녹차, 말차, 에키나시아 차(Echinacea tea), 연꽃차, 표고버섯차, 인삼(蔘), 황기(黃耆), 녹용, 당귀, 지황, 어성초, 쌍화탕차(雙和湯茶), 스피아민트차(Spearmint Tea), 레몬버베나차(Lemon Verbena Tea), 레몬그라스차(Lemon Grass Tea) 등이 응용된다.

(10) 변비 : 건강한 상태를 쾌식(快食), 쾌면(快眠), 쾌변(快便)이라 했는데, 특히 변비는 많은 불편을 일으킨다. 변비는 채소섭취가 부족하거나 운동부족도 원인이 될 수 있다.
– 녹차, 말차, 알로에차, 센나잎차(Senna tea), 들깨차, 보리차, 뽕잎차, 결명자차, 율무차 등이 도움이 된다.

11
어성초

(11) 비만 : 과식, 편식, 미식, 운동부족 등이 비만을 부른다.
비만은 고혈압, 심장병, 당뇨병 등을 유발할 수 있다.
– 표고버섯차, 오가피차, 삼대륙차, 두충(杜冲)차, 율무차, 뽕잎차, 버섯홍차, 마테차(Mate Tea), 김네마차(Gymnema Tea), 청차(오룡차 靑茶-烏龍茶), 흑차(黑茶- 보이차 普洱茶), 결명자차, 표고버섯차 등을 상용할 수 있다.

(12) 생리불순
– 홍화차, 당귀차, 샤프란차, 동박꽃차, 민들레차, 쑥차, 조릿대잎차 등이 도움이 된다.

(13) 숙취
– 녹차, 칡꽃차, 진달래꽃차 등이 좋다.

(14) 스트레스 : 긴장, 불안, 인적 압박, 기후, 피로, 과로, 불면, 욕구불만 등 다양한 정서적, 정신적, 신체적 부담으로 스트레스를 받을 수 있고 즉시 해소하지 못하면 정신적 질환이 될 수도 있다. 차생활 즉, 차와 스트레칭 그리고 명상을 통해 회복시킬 수도 있다.
– 녹차, 말차, 자스민티, 매괴화차(玫瑰花茶), 연꽃차, 인삼차, 차즈기차, 솔잎차, 쑥차, 계화차(桂花茶-金木樨茶), 대추차, 천마차(天麻茶), 무궁화차, 라벤더티, 국화차, 감맥대조차(甘麥大棗茶) 등이 도움이 된다.

(15) 신경통
- 뽕잎차, 쑥차, 인동꽃차, 칡차, 오가피차, 구지뽕잎차 등이 도움이 된다.

(16) 신장병
- 녹차, 쇠뜨기차, 감잎차, 질경이차, 오미자차 등이 응용된다.

(17) 시력장애
- 국화차(甘菊茶), 결명자차, 질경이차, 솔잎차, 구기자차, 카모마일티 등을 꾸준히 마시면 도움이 된다.

12
서양국화 카모마일차

(18) 아토피성 피부염
- 루이보스티, 쑥차, 목련꽃차, 삼대륙차, 차즈기차 등을 선택할 수 있다.

(19) 암(예방)
- 녹차, 와송차, 표고버섯차, 녹차, 구지뽕잎차, 겨우살이차, 울금차, 삼대륙차(三大陸茶 Jason Winters Tea), 다시마차, 쑥차, 어성초 등을 응용하면 도움이 된다.

(20) 어혈(瘀血)
- 당귀차, 녹차, 은행잎차, 동박꽃차, 홍화차, 쑥차 등을 꾸준히 쓰면 도움이 된다.

(21) 위장병
- 생강차, 어성초차, 결명자차, 쑥차, 율무차, 감초차, 이질풀차, 모과차, 매화향차, 울금차, 민들레차, 박하차, 쇠뜨기차, 알로에베라(Aloe Vera위산과다), 알로에에보리센스(Aloe Arborescence 위산부족) 등이 도움된다.

(22) 정신불안
- 감로차, 차즈기차 등이 응용된다.

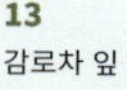

13
감로차 잎

(23) 신경쇠약
- 라벤다차, 대추차, 후박차 등이 응용된다.

(24) 피로회복
- 말차, 녹차, 구기잎차, 삼대륙차 등이 좋다.

(25) 피부 미용, 고운 살결
- 녹차, 율무차, 은행잎차, 결명자차, 구기자차, 어성초차, 루이보스티, 연꽃차, 둥글레차, 대추차, 귤피차, 마테차 등이 좋다.

(26) 해독 (농약, 담배, 공해, 중금속오염)
- 녹차, 어성초차, 민들레차 등이 활용된다.

(27) 갱년기장애(更年期障礙)
- 녹차, 잇꽃차, 질경이차, 인삼차, 마차(山藥茶, 참마), 샤프란차, 둥굴레차(黃精茶), 결명자차 등이 좋다.

14
경주의 백련과 홍련

15
서양의 백련

제8강

꽃차(花茶)란 무엇인가

꽃차(花茶)란 무엇인가

신(神)이 인간(人間)에게 준 최상의 선물은 꽃과 사랑이라고 생각된다. 꽃을 보면서 기쁨과 아름다움을 느끼고, 향기를 맡으며 마음을 다스리고, 우려 마시면서 몸을 보호한다.

꽃차(花茶)란 무엇인가?
꽃만으로 우린 것, 녹차와 꽃으로 우린 것, 꽃을 달여서 약성(藥性)을 높인 것, 계절에 맞추어 우린 찻물 위에 꽃잎이나 꽃송이를 띄우는 것 등 다양하다. 한마디로 차의 효능과 꽃의 약성을 어울리게 한 것이다. 기혈수(氣血水)의 균형이 건강을 측정하며, 기혈수(氣血水)의 난조(亂調 그릇된 것)가 미병(未病)인 상태이다. 꽃차(花茶)는 기혈수(氣血水)를 다스리는 중요한 역할을 하는 차로 면역성을 높이며, 스트레스를 풀어주는데 도움이 되며, 찬 몸을 따뜻하게 하며, 공해와 오염으로부터 해독시키며, 노화 방지에 도움이 된다.

01
구절초 (국화과)

꽃이 피는 계절은 꽃마다 다르다. 차꽃은 늦가을 10-11월에 핀다. 목련꽃은 늦가을에 작은 봉오리를 맺어 겨울을 나고 봄에 꽃을 피운다. 약용으로 쓰는 봉오리를 신이화(辛夷花)라고 하며, 2월의 봉오리를 따야 약성이 높아 꽃봉오리도 그 때 딴다. 꽃차용 꽃은 꽃이 반쯤 필 때가 좋다. 꽃에는 좋은 약효도 있지만, 독성도 있는데, 특히 꽃술에 독성이 많이 있다. 꽃을 그냥 두면 변해 버리기 쉬우므로, 이를 막기 위해 열(熱)을 가한다. 그래서 차를 만들기 위해 꽃을 데치거나 찐다.

◉ 잎, 꽃, 씨앗, 뿌리를 차(茶), 약으로 쓰기 위해 채취하는데 적절한 시기가 있다.

- 잎 : 개화 직후에 딴다.
- 꽃 : 개화 직전에 꽃 봉오리를 딴다. 꽃은 봉오리 내지 개화되기 전에 덜 핀 꽃의 향과 효능이 더 좋다.
- 뿌리 : 11월에 캔다.
- 씨앗 : 익은 뒤 딴다.

또한 동서양 구별없이 역사적으로 꽃차는 식음료 이외에도 미용과 건강에 도움이 되도록 민간요법으로 사용했음을 볼 수 있다.

◉ 건강에서 중요한 다섯 가지 주요 증후에 대응하는 꽃차들을 구분해 보면 아래와 같다.

(1) 노화방지(老化防止) - 항산화효과
진달래꽃차, 감국차, 찔레꽃차, 장미꽃차, 인삼꽃차, 민들레차

(2) 스트레스 방지
연꽃차, 감국차, 무궁화차, 라벤더티, 쟈스민티, 인동꽃차(금은화차), 자귀나무꽃차

(3) 혈행촉진 - 몸이 찬 것(冷)을 다스린다.
동박꽃차, 잇꽃차, 연꽃차, 매화차, 찔레꽃차, 능소화차

(4) 동맥경화를 다스린다.
국화차, 귤꽃차, 잇꽃차

(5) 살결을 아름답게 한다.
인동꽃차, 벚꽃차, 접시꽃차

◉ 차의 민간요법

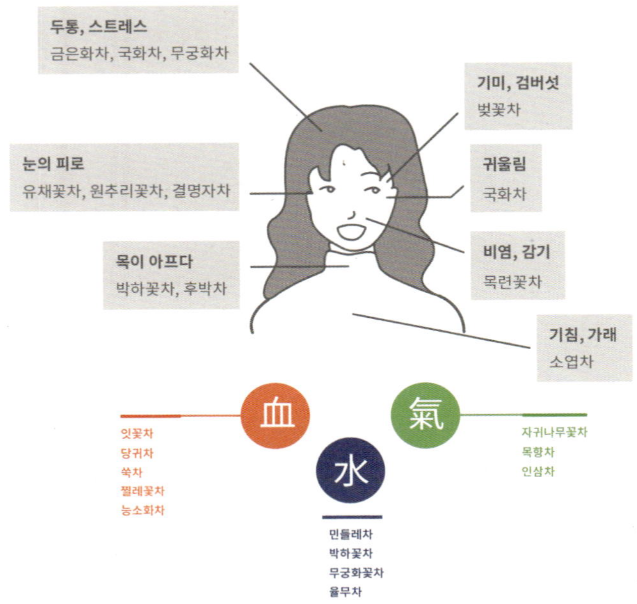

◉ 꽃차 만들기

(1) 매화차

• 매화를 따서 10 % 소금물에 담궜다가, 물기를 빼고, 냉동해 둔다.
• 소금기를 씻고, 더운 물에 우린다.
• 녹차 우린 찻물에 매화를 띄운다.

(2) 감국차(甘菊茶)

국화차의 향기는 "산국〉금국〉감국"의 순으로 옅어진다고 한다. 반드시 향기가 높은 것이 약효가 뛰어나지는 않다. 한방에서 가장 선호하는 국화는 감국(甘菊)이다. 감국은 해열, 해독, 감기, 현기증, 귀울림, 눈의 충혈, 고혈압 등에 유효하다.

• 국화를 따서 씻는다.
• 1 % 소금물에 구운 감초를 넣어 달인다.
• 끓인 물이 뜨거울 때 국화를 데친다.

- 음지, 통풍이 잘 되는 곳에서 말린다.
- 다섯 송이가 한잔의 감국차가 된다.
- 두번 우려마신 보이차에 약간의 감국차를 우려마시면 보국차(普菊茶)가 되어 독특한 풍미를 즐길 수 있다.

(3) 민들레꽃차

- 민들레 꽃봉오리를 따서 깨끗이 손질한다.
- 센 김이 오르는 솥 안에 채반을 놓고 1분간 찐다.
- 그늘에서 반 정도 말린 후 다시 햇볕에서 말린다.
- 가열된 프라이팬에 마른 꽃을 넣고 살짝 덖어낸다.

(4) 벚꽃차

봉오리채로 딴 꽃을 그늘에서 2주일간 말려 밀봉해 보관한다.

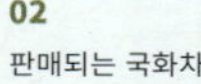

02 판매되는 국화차

03 감국꽃차우리기

04
감국꽃(위),
감국꽃 수확모습(아래)

(5) 아까시(아카시아)꽃차

• 아까시꽃을 하나씩 따서 찬물에 살짝 헹군다.
• 물기를 거둔 후 그늘에서 일주일간 말린다.
• 다시 햇볕에서 두 세 시간 말린 후 밀봉해 보관한다.

(6) 인동꽃차

• 꽃봉오리를 맑은 날 아침 이슬이 마를 때를 기다렸다가 채취한다.

• 깨끗이 손질한 후 그늘에서 5일 정도 말렸다가 햇빛에서 바짝 말린다.

• 밀봉해 보관한다.

(7) 구절초꽃차

• 만개직전의 구절초꽃을 딴다.

• 물에 한번 깨끗이 씻어내어 소쿠리에서 받쳐낸다.

• 센 김이 오르는 찜솥에서 1분 30초간 쪄낸다.

• 꽃을 하나씩 펼쳐 그늘에서 말린다.

• 잘 말린 후 밀폐용기에 넣어 보관한다.

일반적으로 꽃차는 유리다관에 꽃차를 넣고, 끓인 물을 한 김 낸 다음 약 80 ℃에, 2분 정도 우리면 꽃차가 된다. 꽃차에 따라, 2~3회 더 우려 마실 수 있다.

(8) 연꽃차

7-8월 여름은 연꽃으로 아름답다. 연은 연근으로, 연밥죽(蓮子粥) 등 건강식으로 잘 알려져 있다. 연은 진흙 속에서 아름답게 꽃을 피우고 그 향 또한 뛰어나다. 연꽃은 아침이면 봉오리를 열고, 밤이면 봉오리를 닫는다. 이 성질을 이용해서 연차(蓮茶, 蓮華茶)를 만든다.

• 연차는 세작(細雀) 정도의 고급차를 거즈나 봉지에 싸서 저녁에 연꽃 속에 넣어두고, 하룻밤을 지나 아침에 개화할 때 꺼낸다. 몇 번 반복하면 연향이 밴 연차가 된다. 이를 녹차 우리듯 우린다.

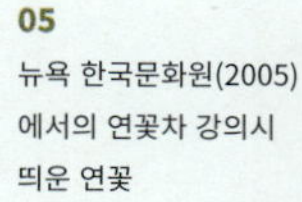

05
뉴욕 한국문화원(2005) 에서의 연꽃차 강의시 띄운 연꽃

06
연잎에 싸여진 얼린 연꽃

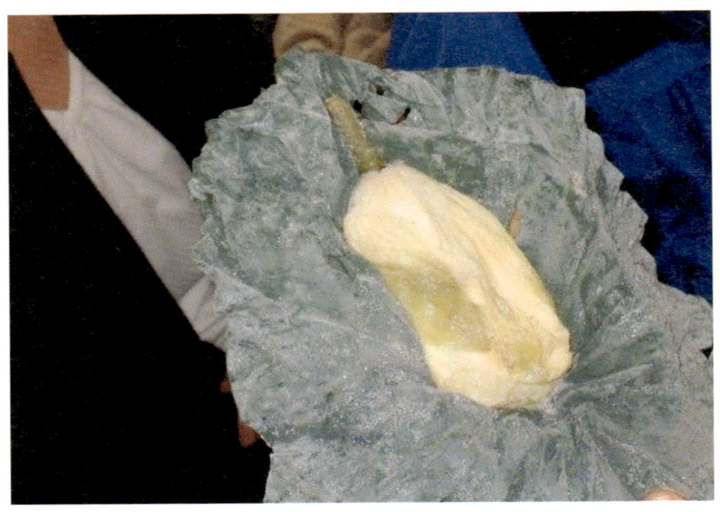

07
연꽃을 연지 대에 꽂는다.

08
우린 녹차를 연꽃이 열리 도록 표주박으로 붓는다.

09
만개한 연꽃차

연꽃 속에 녹차(茶) 반봉지(40 g)를 꽃술 속에 넣고 꽃 전체를 한지로 싸서 냉동 보관한다. 연차회를 할 때 쓰는 다구 연지(蓮池 지름 30 ㎝ 정도의 큰 차 그릇)에 여러 차례 우린다. 긴 표주박으로 떠서 찻잔에 따른다. 향긋한 연차, 연지 속에 핀 연꽃은 환상적이다.

제9강

차 만드는 법과 차 고르는 법

茶(녹차) 만드는 법과 차 고르는 법

1. 차(茶) 만들기

한국의 차(茶)는 양력 4월20일경 부터 찻잎을 따기 시작하여 늦게는 5월말에서 6월초까지 4번에 거쳐서 찻잎을 딴다. 차를 만드는 것은 크게 두 가지로 덖음차와 찐차로 나눈다. 차를 만드는 순서를 살펴보자.

1) 맑은 날 아침부터 오전까지 찻잎(한 움과 두 어린 잎)을 딴다.
2) 찻잎을 딴 12시간 내에 덖어야 신선함을 유지한다. 오전에 딴 찻잎은 오후에 반드시 덖어야 하고, 오후에 딴 찻잎은 그날 밤에 덖어야 한다. 찻잎은 300 ℃ 달궈진 무쇠 솥에서 3분간 덖는다.
3) 덖어진 찻잎을 식힌다.
4) 비비기를 한다. 그 과정에서 덩어리가 된 것을 풀어준다.
5) 2~4 과정을 3회 정도 반복한다.
6) 70 ℃ 정도의 솥에서 맛내기와 향내기를 한다.
7) 위의 모든 공정들은 찻잎을 딴 24시간 내에 마쳐야 하며, 황토방에서 차를 건조한다.

01
팔공산에 있는 저자의
본초다원의 모습

02
본초다원에서 저자가
직접 찻잎 따기

03
저자가 직접 딴 찻잎
덖어서 비비기, 고르기

2. 차 고르기

녹차의 주산지는 보성다원, 쌍계다원, 한국제다, 제주 도순다원 등 전남, 경남, 제주 등 여러 곳이 있다. 차나무를 중심으로 보면 오랜 전통의 야생차밭으로 쌍계사 주변, 다솔사 주변, 선암사 주변 등이 있는데 심근(深根)성이라서 비료나 농약을 쓰지 않아도 잘 자랄 수 있다.

찻잎에는 채취 시기와 어린잎의 조건에 따라 우전차(雨前茶 곡우 전의 녹차)와 세작(細雀 입하 무렵의 일창이기) 등을 최상급 차(茶)로 인정한다. 차(茶)의 대중화, 대량생산을 위한 개량종(야부기다종)이 주류를 이루고 있는 데 보성의 아름다운 다원, 한라산의 웅장한 모습을 배경으로 한 제주의 다원, 월출산, 무등산 주변의 다원 등이 대표적인 생산지다.

차(茶) 선택의 요령을 살펴보자.

- 차(茶)는 따뜻하게 우려 그 빛깔, 향기, 맛을 보고 선택해야 한다.
- 향기는 차(茶) 마신 뒤 숨을 내쉴 때 코로 맡는다. 우린 다관에서 향도 맡고 펴진 찻잎도 살펴본다.
- 찻잎을 손으로 만져볼 때 까칠하게 잘 말라있고 윤기가 나야 좋은 차(茶)다.
- 말린 찻잎은 가늘수록 좋다.
- 야생차는 진공포장이 되어 있지 않기 때문에 녹차는 한꺼번에 많은 양을 사지 않는다. 차통을 개봉한 뒤, 찻잎의 수명은 15일 정도 색향미가 유지된다.
- 여러 종류의 차(茶)를 쓴 뒤 한 봉지에 모아서 보관하지 않는다.
- 녹차는 고급차만을 선호하지 않음으로 다양한 차를 음미 할 수 있다.

04
중국 녹차를 우렸을 때
차가 뜨는 모습

3. 차(茶)의 맛

일반적으로 말하는 다섯가지 맛(五味)이란 신 맛, 쓴 맛, 매운 맛, 단 맛, 짠 맛 다섯 가지인데, 차(茶)와 오미를 연관지어 설명할 과학적인 이유는 없다. 차의 맛은 쓴맛(苦味), 떫은 맛(澁味), 맛난 맛(滋味), 맑은 맛(淡味), 맛을 모름(不了)으로 다섯가지의 맛으로 나눈다. 차(茶)는 적절히 쓴 맛과 적절히 떫은 맛, 그리고 은은한 향의 감상이라고 할 수 있다.

- 苦味(고미) : 쓴 맛, 카데킨, 카페인의 맛
- 澁味(삽미) : 떫은 맛, 카데킨의 맛
- 滋味(자미) : 좋은 맛 (旨味 감칠 맛), 데아닌의 맛, 아로마 성분의 맛
- 淡味(담미) : 은은한 맛, 묽은 맛, 슴슴한 맛
- 不了(불료) : 모르는 맛, 깨닫지 못하는 맛, 좋지만 잘 모르겠다.

제10강

茶 차 우리기

차(茶) 우리기

차(茶) 우리기 방법에는 일반적으로 3가지 방법이 알려져 있다. 상투법, 중투법, 그리고 하투법이 있다. 상투법은 여름에 우리는 방법으로 차호에 물을 먼저 넣고, 찻잎을 넣는 방법이다. 중투법은 차호에 반쯤 끓은 물을 붓고 찻잎을 넣은 다음 다시 끓은 물을 붓는 방법으로 봄과 가을에 사용하는 방법이다. 마지막으로 하투법은 먼저 차를 넣고 끓인 물을 부어 주로 겨울에 사용되고 있다. 어떠한 방법으로 차를 우리든 차의 99%는 물이므로 좋은 물, 생수를 끓이는 것이 중요하다. 생수가 없으면 수돗물을 사용하는데 물이 끓을 때 탕관의 뚜껑을 열고 2~3분 더 끓여 정화된 물로 차를 만들도록 한다.

차를 만들 때는 끓인 물로, 다관과 찻잔을 예온한다. 한편 숙우(식힘 사발)에도 물을 식힌다. 상투법, 중투법, 하투법이 계절과 관계있지만, 하투법을 사용하여 덥혀진 다관에 찻잎 6 g(3인분)과 식힌 물(70 ℃ 정도)을 250 ㎖ 정도 붓고 1분이 지나면, 찻잔에 순서대로 따른다.

◉ 차 우리는 순서

1) 주전자 혹은 전기폿트에 물을 끓인다.
2) 숙우에 끓인 물을 따른다.
3) 숙우의 물을 다관에 따른다.
4) 끓인 물을 식히기 위해 숙우에 따른다.
5) 찻잔을 덥히기 위해, 다관의 물을 찻잔 ①, ②, ③에 따른다.
6)다호의 차를 확인하고, 다호를 돌리며 떠내어 2½스푼의 찻잎을 다관에 넣는다.
7) 식힌 숙우의 물을 다관에 붓는다.
8) 1분간 우린다.
9) 다관의 찻물을 ①번 잔 ⅓ → ②⅓→ ③⅓ 의 순서로,다시 ③번 잔부터 거꾸로 ⅓ → ②⅓→ ①⅓씩 따르면 찻물의 농도는 서로 비슷해진다.
10) 마지막 잔에 다관의 남은 찻물을 방울방울 (Golden Drop) 마지막까지 따른다.
12) 차탁에 찻잔을 바쳐 손님에게 드린다.
12) 서로 인사를 나누고 차를 마신다.

13) 두 번째 차는 다관에서 숙우에 따라 돌려가며 권한다.
14) 세 번째 차는 다관에서 숙우에 따라 둔 후 선택할 수 있게 한다. 만약, 손님이 더 마시기 원하면 직접 숙우에서 자기 잔에 따라 마시면 된다.

◉ 찻자리 준비

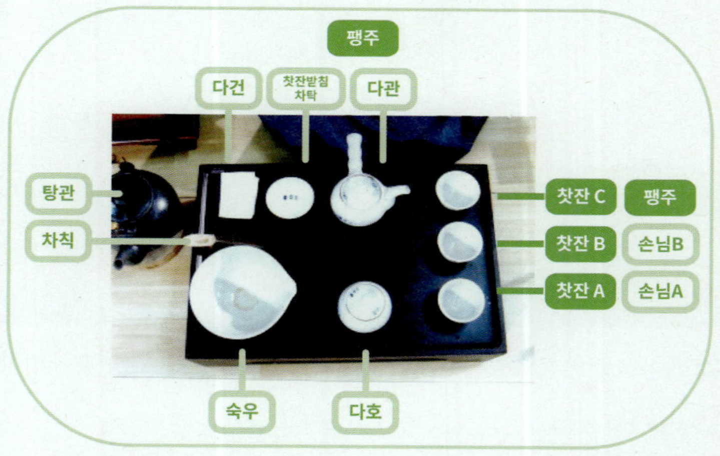

	A잔 손님잔		B잔 손님잔		C잔 팽주잔
처음	③⅓	←	②⅓	←	①⅓
순서	세 번째		두 번째		첫 번째
되돌아 오며	④⅓	→	⑤⅓	→	⑥⅓

◉ 차 만드는 순서를 그림으로 살펴보자.

본 그림의 차(茶) 우리기는 3~5인을 기준으로 했다. 혼자서 마시는 차(茶) 우리기는 그 과정을 조금 더 간소하게 단축한다.

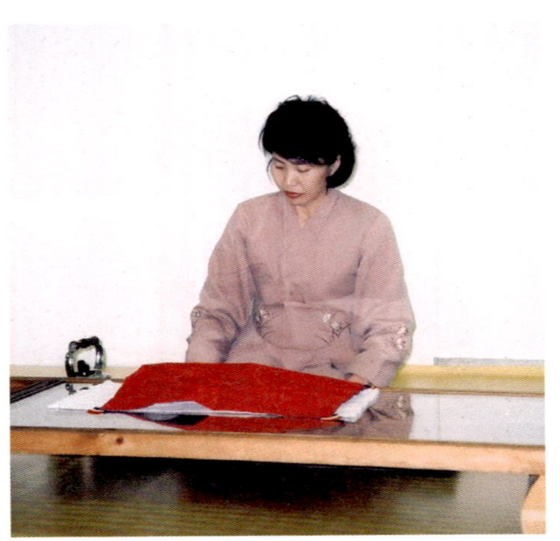

1. 찻상을 보자기로 덮어서 보관한다.

2. 보자기를 걷어 접어서 둔다.

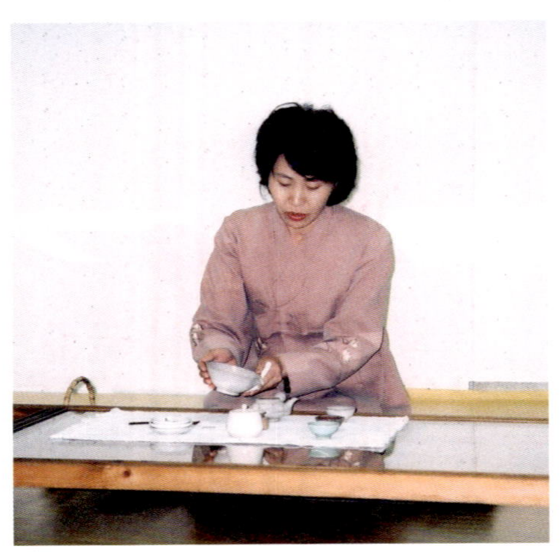

3. 뜨거운 물로 다구를 예열한다.

4. 차를 다관에 넣는다.

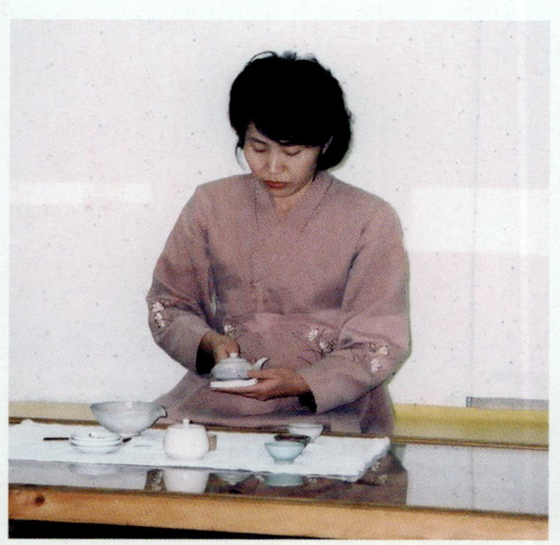

5. 차 우려내기

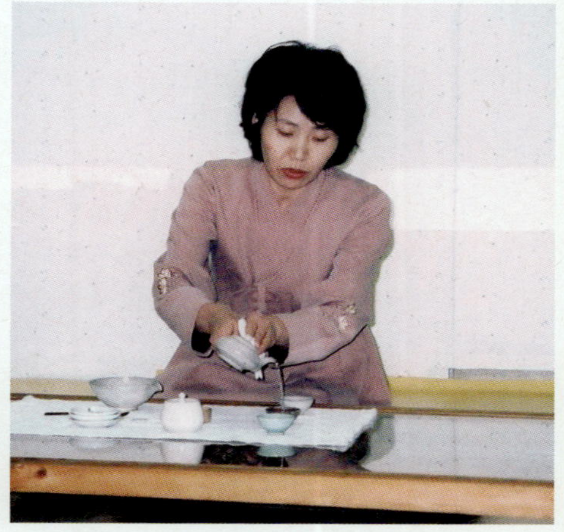

6. 우린 차를 찻잔에 따른다.

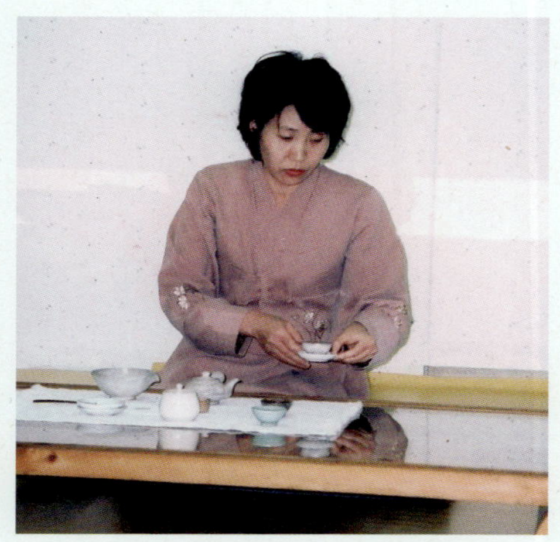

7. 찻잔 받침에 담아 손님에게 대접한다.

차(茶)를 우릴 때 물의 온도는 아주 중요하다. 발효차(홍차, 보이차)는 끓는 물을 써서 우리고, 반발효차(청차 – 우롱차, 철관음)는 한 김 낸 뜨거운 물(90 ℃)을 쓴다. 녹차의 경우는 다소 까다롭다. 우전은 50 ℃, 세작은 50~60 ℃, 중작은 70~80 ℃ 정도가 적당하다.
물 온도가 낮으면 향, 데아닌(뇌활동을 돕는 성분), 약간의 카데킨(떫은 성분–해독작용)이 적절히 우러나 맛이 좋다. 그러나 진한 향, 진한 맛을 즐기는 홍차나 보이차는 물이 뜨거워야 더 풍미가 좋다.
보이차는 다선(茶船 다관을 덥힐 수 있게 한 것) 위에 다관을 두고, 끓는 물을 그 위에 한두 차례 더 따라 부어 찻물을 더욱 뜨겁게 한다.
끓인 물이 없을 때는 녹차잎을 다관 속 찬물에 넣어도 우리는 시간을 더 길게 하면 찻물이 될 수 있다.

녹차만이 아닌, 서양, 중국, 일본 등 다양한 차 종류들을 우리기에 적합한 물의 양, 온도, 다기의 종류 및 우리는 횟수를 모아 정리해 보면 아래와 같다.

◉ 다양한 차(茶) 우리기

차(茶) 이름	끓인 물 (100ml)	물의 온도	우리는 시간	다관	우리는 횟수
녹차-중작(中雀)	3.5~4 g	70~80 °C	1분	자기	4회
녹차-우전(雨前)	6 g(물 40 ㎖)	50 °C	2분 30초	소형 자기	3회
청차(青茶)	5 g	90 °C	30초	개완(蓋碗)	5회
흑차(黑茶)	3 g	열탕 90 °C ~ 100 °C	세차(洗茶) 1분	자사호 (紫沙壺)	10회 이상
홍차(紅茶)	3 g	열탕 90 °C ~ 100 °C	2분	도자기	3회
국화차	0.5 ~ 1 g		세차(洗茶) 1분~2분	유리 및 도자기	3회
라벤더 Lavender	1 g	90 °C	1분	유리	3회

◉ 일본 다인 고 오가와씨(故小川八重子氏)는 옥로차(玉露茶) 우리기를 아래와 같이 권한다. 이를 다교(茶巧)라 한다.

1) 옥로다관(작은 다관)에 1인분 찻잎 5~7 g을 넣는다.
2) 끓인 물을 45 ℃로 낮추고 1인분 15 ㎖를 붓는다.
3) 첫째 탕은 30초 우린다. - 차향을 맡는다.
4) 재탕은 물 15 ㎖, 물 온도 45 ℃, 우리는 시간 30초 간 우린다.
- 감미(甘味)를 음미한다.
5) 삼탕은 물 30 ㎖, 물 온도 65 ℃, 우리는 시간 30초 간 우린다.
- 적당히 쓴 맛(苦味)을 음미한다.
6) 넷째탕은 물 30 ㎖, 물 온도 65 ℃, 우리는 시간 50초 간 우린다.
- 적당히 쓴 맛(苦味)을 음미한다.

녹차를 즐기는데는 두가지 방법이 있으며, 잎차 혹은 말차를 즐길 수 있다. 이 중 가루차는 영양 덩어리다. 녹차같이 우리는 차(茶)를 전차(煎茶)라고 하는데, 녹은 성분(물에 우러난 성분 35 %)을 마시고 차찌꺼기는 버리거나 나물, 목욕, 탈취제로 응용하기도 한다. 비타민 A, E와 미네랄, 섬유소 등은 녹지 않아서 찌꺼기에 남는다.

가루차(末茶, 抹茶)는 일정기간 그늘재배(覆下栽培 복하재배)한 차나무의 어린 잎을 따서 찐다. 연차(碾茶)로 보관하거나 20일 정도 반그늘에서 말린 후 돌맷돌로 갈아서 가루로 만든다. 이를 말차라고 부른다. 가루차(말차)는 찻잎 전체를 마시기 때문에 영양 효과, 피로회복 효과 등에 더욱 좋다. 가루차를 휘저어 마시려면 ① 찻사발, ② 차선(茶筅 대나무로 만든 차솔), ③ 차시(茶匙 차 뜨는 숟갈로 1 g을 뜬다)가 있어야 하며, ④ 가루차를 1인분 2 g 씩 인원에 맞추어 여유있게 준비한다. 가루차는 사용한 뒤 밀봉하여 냉동보관한다

예온한 찻사발에 가루차 2 스푼(2 g)을 넣은 뒤 뜨거운 물(80 ℃) 한 잔을 붓고, 뜨거운 물에 축인 차선으로 영어 M자를 그리듯 격불(擊拂 찻사발에 부딪히며 휘젖는다)하면 푸른 큰 거품이 잔잔한 거품으로 되는데 이 때 다선을 돌려서 위로 치켜든다. 격불이 되면 맨위의 표면에 차(茶)의 쓴 맛, 떫은 맛이 모인다. 세 차례 나누어 마시면 싱그러운 맛, 향긋한 맛, 풋풋한 맛 등이 어우러진 좋은 맛과 향에 취할 수 있다.

01
가루차 격불하기

◉ 차의 보관법

녹차는 습기와 직사광선, 높은 온도를 피해 늘 3~5 ℃의 냉암소에 보관해야 한다. 개봉한 차는 비닐봉지에 밀봉하여 냉장보관해야 한다. 차통 속에 그냥 담아둔 녹차는 그 향과 맛과 빛깔이 변할 가능성이 높다. 개봉하지 않은 녹차를 3~5 ℃의 냉장고에 보관하면 1년 반이 지나도 변질되지 않는다.

02
다양한 차 보관용기들

◉ 다식(茶食)은 차맛을 돋운다.
다식은 옛날 찻잎을 보관하기 어려웠을 때 돈차, 덩이차를 만들던 습관에서 비롯되었다. 찻잎을 찌고, 절구에서 찧은 뒤, 다식판에서 알맹이 차(團茶)를 만들어서 쓰니 운반과 보관이 편리했던 것이다. 그 뒤, 잎차 중심(煎茶)의 차(茶) 우리기가 주를 이루면서 다식판으로만 쓰게 된 것이다.

다식은 전통과자이고 건강식이며, 모양 또한 아름답다. 인생의 목표인 수(壽), 복(福), 강(康), 녕(寧)의 글자가 적혀있거나 구름, 태극 문양이 그려져 있는 것도 흥미롭다. 다식에 입체적으로 그려져 나오는 문양을 보면 조상들의 지혜로움에 감탄할 수밖에 없다.

다식의 재료는 송화 가루, 검정깨, 푸른 콩, 녹차가루, 소금, 백설기가루, 흰깨, 오미자, 전분, 꿀, 물엿, 과당 등 다양하고 맛있는 건강식품이 모두 들어간다. 오방색(五方色) 다식은 특히 화려함이 돋보이기도 한다. 다식을 먹고 차(茶)를 마시거나, 차(茶)를 마신 뒤 다식을 먹어보자. 다식은 확실히 차맛을 돋워줌을 느낄수 있다.

다식판은 대추나무나 박달나무 같은 단단한 목재로 섬세히 조각되어 있어 장식용, 선물용으로도 좋다. 다식(가루차 2 큰술, 볶은 푸른 콩 1 컵, 꿀 4 큰술, 소금 약간), 송화다식(송화 가루 1 컵, 꿀 3 큰술), 흑임자다식(찐 흑임자 1 컵), 꿀 1/2 큰술, 소금 약간) 세 가지를 다식판에서 찍어내어 접시에 담아두면 좋고, 냉동보관하면 오랫동안 향긋한 맛이 남아있다.

03
다양한 다식들

04
오픈스튜디오 하오명의 차이야기 방송모습 (2005) (위), 미국 동화문화원에서 미국인들을 위한 추석 다도 시범 (2011) (아래)

05
포일요 윤창민 등요(위),
전시중인 다기(아래)

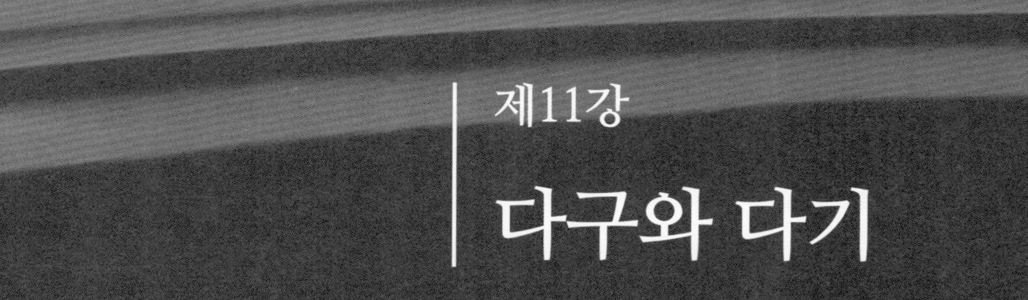

제11강

다구와 다기

다구와 다기

한 잔의 차(茶)를 우려 마시기 위해선 몇 가지의 다구들을 필요로 한다. 차(茶)를 혼자서 마시기 위함인지, 아니면 여러 손님들과 함께 마시는 차(茶)인지에 따라 찻잔의 숫자 및 다구의 종류가 달라진다.

다관(茶罐, 차를 넣어두는 항아리), 숙우(熟盂, 물 식힘그릇), 퇴수기(退水器, 버리는 물 담는 그릇), 찻잔(茶盞), 차탁(茶托, 찻잔 받침), 차시(茶匙, 차 숫가락), 차호(茶壺, 찻주전자), 다건(茶巾, 차 수건), 차상(茶床, 다구들을 올리는 상), 다반(茶盤, 손님에게 차를 나를 때 사용하는 받침), 뚜껑받침(다관 혹은 차호의 뚜껑을 올려 놓는 받침) 등이 필요하다.

한국 다구세트는 중요한 손님의 찻잔을 1번으로 하여 홀수의 잔을 준비한다. 서양의 식기 및 찻잔 세트는 6개 혹은 12개 등 짝수로 만들어지며, 찻잔에 손잡이가 있는 것이 동양의 찻잔과 다른 점이다. 서양차를 우릴 때는 더 뜨거운 물을 사용하므로 손잡이가 필요하고, 동양의 차, 특히 한국의 녹차는 사용되는 물의 온도가 따뜻한 정도이므로 손잡이가 없는 이유 또한 과학적이다. 이외에 두 손으로 잔을 잡고, 더 공손히, 차를 직접 손의 체온으로 느낄 수 있는 것 또한 한 잔의 차를 더 소중히 할 수 있는 이유라고 볼 수 있다.

1. 다구의 종류

1) 다관(茶罐)
찻주전자를 말하며 잎차를 넣어 차를 우려내는 다기(茶器) 이다.

2) 차호(茶壺)
차를 보관하기 위한 뚜껑을 갖춘 작은 항아리를 가리킨다.

3) 숙우(熟盂)
차를 우리기 위해 마련된 뜨거운 물을 식히는 물식힘 귓대사발이다.

4) 퇴수기(退水器)
찻잔의 예열을 위해서, 차를 씻어낼 때, 그리고 남은 찻물을 버릴 때 사용되는 좀 큰 그릇이다.

5) 찻잔(茶盞)
차를 마시는 잔이다.

6) 차탁(茶托)
찻잔 받침을 말하며, 다관, 숙우, 찻잔은 도자기가 대부분이지 만, 찻잔 받침은 소리가 나지 않는 나무로 된 제품이 좋다.

7) 차시(茶匙)
차를 덜어낼 때 사용하는 대나무로 만든 숟가락이다.

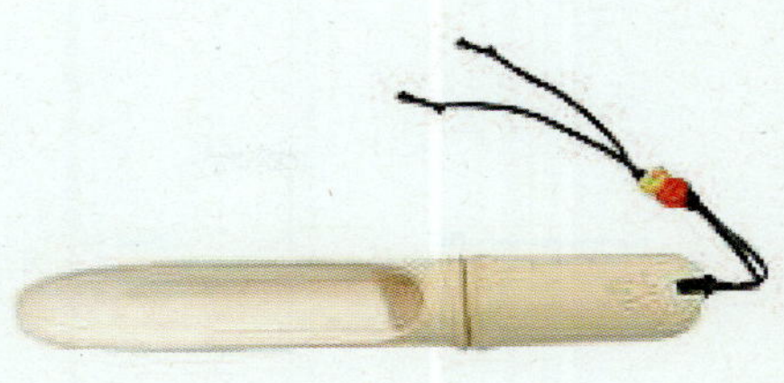

8) 다건(茶巾)
차 우리는 과정에서 생기는 물기를 닦기 위한 작은 수건을 말한다.

9) 차상(茶床)
다구들을 올려놓는 상으로 나무로 된 제품이다.

10) 다반(茶盤)
우려낸 차를 손님에게 나르기 위한 소반이다.

2. 다기 종류

다기(茶器)의 중심은 분명 다관이다. 근대적 다관의 역사가 명나라 때부터터니까 약 500년의 내력이 있다. 우리나라 신라토기는 800~900 ℃에서 구워졌지만 1500여년의 긴 역사를 품고 있다. 신라토기 찻잔을 가지고 있는 것이 조선백자보다 뜻은 더 깊지 않을까. 근래 차실에는 중국 공부차(功夫茶 정성 들여 우리는 차로 청차青茶이다.)를 위한 자사호(중국 주니 광석으로 만든 다기)가 많이 사용되어 지고 있다. 대략 1200 ℃에서 소성된 도기(陶器)라 부른다. 발효차(청차, 흑차)를 우릴 땐 제격이다.

01
신라토기 다관

다관은 1인기, 3인기, 5인기 등을 많이 사용하고 있다. 3인기는 130~200 ㎖ 용이니, 적절한 크기를 찾는 게 좋다. 숙우(熟盂 식힘 사발)는 귓대 밑까지가 200 ㎖ 정도이다. 다관의 거름구멍은 평면과 볼록형이 있다. 몇 차례 차(茶)를 우리면 찻잎 때문에 구멍이 막힐 수 있으니, 볼록형이 기능면에선 편리하다. 우리 녹차를 우릴 때에는 1,300 ℃ 이상에서 소성된 자기(磁器)가 가장 좋다. 처음 녹차를 우려마시고 싶을 때에는 3인기(三人器)를 권한다.

5인기(五人器)는 다섯 사람이 둘러 마실 때 쓰는데, 숙우의 귓대 밑까지가 300~380 ㎖의 크기다. 다관의 크기는 다양하다. 보통 5인기 다관이 310~610 ㎖까지니 폭이 넓다. 찻잔에 맞추는 것도 한 가지 방법일 수 있다. 유리 소주잔이 53 ㎖이며, 작은 찻잔은 50 ㎖ 정도이다. 큰 찻잔은 155 ㎖ 정도 된다. 찻물의 양은 60~65 % 따른다. 97㎖ 찻잔일 경우 65 % 따르면 63㎖가 된다. 3인기 숙우가 220 ㎖(귓대 밑까지의 찻물 양)이니, 숙우는 액량기(液量器) 역할도 하는 셈이다. 숙우를 이용해 식힌 물을 다관으로 부으니, 다관도 220 ㎖ 정도 담기는 크기가 적당하다. 대부분 녹차를 우릴 때 65 % 이상을 찻잔에 담으려 하지는 않는다. 이는 찻잔을 입으로 옮겨갈 때 뜨거운 찻물이 쏟아질 위험을 피하기 위함이고, 나머지 35 %는 팽주의 마음과 정성을 담기 위함이라고도 볼 수 있다.

새로 장만한 다기는 비누나 세제를 써서 씻지 않고, 물에 넣고 오랫동안 끓여서 불순물 들을 없애도록 하는 것이 좋다. 다기는 사용후 음식그릇 등 다른 그릇들과 섞어서 씻거나 보관하지 말고, 특별한 주의를 가지고 조심스럽게 따로 씻어서 물기가 완전히 없도록 말리도록 한다. 다관 뚜껑은 열어서 말리고, 다음 사용에 편하도록 잘 보관해야 된다.

02

오상잔

(五常: 仁, 義, 禮, 智, 信)

◉ 찻잔의 배치 및 종류

차를 마시는 사람의 수에 따라 다기의 종류가 다르고, 또한 잔을 배치하는 몇 가지의 방법이 있다. 일반적으로는 왼쪽에 세로로 팽주에 가까이부터 첫 손님의 잔을 배치하고, 3명이 넘을시 두번째 줄을 만든다. 또 다른 방법으로는 차탁의 윗쪽 앞줄에 찻잔을 배치하며, 이때 오른쪽에서 왼쪽으로 배치를 기준으로 한다. 찻잔은 모두 똑같은 색깔에 같은 모양으로 되어 있어, 누구의 찻잔이 어느 것인지에 대한 헷갈림이 있을 수 있는데, 찻 잔 안에 글씨를 써서 각자의 찻잔을 구별하는 방법을 권하고 싶다. 이때 사용되는 글로는 오상(五常: 仁, 義, 禮, 智, 信)이 좋으며, 각 잔에 있는 글의 의미를 새기면서 차를 마시는 차문화 및 교육에 도움이 된다.

- 2인(二人)잔, 부부(夫婦)잔은 '仁, 義' 글씨를 권한다.
- 3인기(三人器)에는 '天, 地, 人'을 쓴다.
- 5인기(五人器)에는 오상잔(五常盞 : 仁, 義, 禮, 智, 信)을 가족 개인잔으로 늘 오상의 정신을 익히게 한다.

03

간편히 사용할 수 있는
1인 다기

04

3인기
(다관과 숙우의 방향이
모두 왼쪽을 향한다.)

05

5인용 다기
(오른쪽 5인기 찻잔에는
글씨가 쓰여져 있다.)

06

3인용 다기를 사용한
차우리기 준비

07

다관과 육각수 물단지
(대구 청유당 제작)

08

5인용 다기 세트와
차탁 준비

제12강

차와 다학 용어의 해석

차와 다학용어의 해석

ㄱ	蓋碗	개완	중국의 뚜껑이 있는 간편한 다관
	景德鎭	경덕진	중국의 다기 생산지 이름
	桂花茶	계화차	중국의 꽃차, 木犀(목서꽃)
	高麗茶碗	고려다완	일본에서는 고려말기와 조선초기 다완을 일컫는 말
	高山茶	고산차	해발 1000 m 이상에서 재배되는 차
	苦茶	고다, 고차	쓴 차
	穀雨茶	곡우차	양력 4월21경에 수확되는 차
	工夫茶	공부차	靑茶, 정성들여 우리는 차
	九蒸九曝	구증구포	숙지황을 법제할 때 아홉번 찌고 아홉번 말린다.
	祁門紅茶	기문홍차	중국의 대표홍차
	緊壓茶	긴압차	증기를 쬐어 납작하게 눌러 고형으로 만든 차. 오랫동안 보관이 용이해서 특히 유목민들에게 인기 있었다.
	喫茶去	끽다거	중국 당대 조주선사(趙州禪師)가 말한 '차나 한잔 하고가라'라는 선문답
ㄴ	老茶	노차	오래된 차
	綠茶	녹차	Green tea, 비발효차
	濃茶	농차	말차의 일종으로 오래된 차나무의 찻잎을 이용해 만든 말차의 일종으로 개어서 3~4명이 나누어 마시는 차이다.
ㄷ	茶	다	1. 식물의 잎이나 뿌리, 과실 따위를 달이거나 우리거나 하여 만든 마실 것을 통틀어 이르는 말.

		2. 궁중에서 숭늉을 '다'라고 호칭한다.
茶角	다각	절에서 차를 우리는 사람
茶果	다과	차와 과일
茶菓	다과	차와 과자
茶菓會	다과회	차를 나누는 가벼운 모임
茶巾	다건	다포, 차수건
茶經	다경	세계에서 가장 오래된 다서, 唐代 陸羽의 저서
茶罐	다관	차 우리는 주전자
茶具	다구	차도구 일체
茶臼	다구	차맷돌
茶器	다기	차 우리는 도구
茶啖	다담	손님을 대접하기 위하여 내놓은 다과(茶菓)
茶談	다담	다화 차를 마시며 하는 이야기
茶啖床	다담상	차 마시기 위해 내놓는 상
茶道	다도	차행위와 수양
茶磨	다마	차맷돌
茶盤	다반	차 그릇을 담는 예반
茶伯	다백	선각 다인
茶仙茶神	다선다신	혼자서 차 마시는 경지
茶禪一味	다선일미	초의선사의 사상으로 차와 선, 명상이 둘이 아니다라는 의미
茶素	다소	차의 카페인의 옛 명칭
茶壽	다수	차'茶'字를 풀이하면 108이 되며 장수하라는 말이다.
茶詩	다시	차를 노래한 시
茶食	다식	차와 곁들여 먹는 다과

茶信契	다신계	다산 정약용선생과 제자들이 결성한 계
茶神傳	다신전	초의선사가 만보전서 중 차 부분을 발췌해 쓴 다서
茶碗	다완	찻사발
茶園	다원	차밭
茶欌	다장	차 도구를 넣는 장
茶亭	다정	차를 끓여 마시는데 필요한 다구들을 올려놓는 탁자
茶天	다천	차 만들기 좋은 날씨
茶湯	다탕, 차탕	찻물
茶板	다판	차 우릴 때 쓰는 넓은 목판
茶布	다포	찻상 위에 까는 천
茶學	다학	Teaics, 다도와 차의 과학, 차의 문화를 체계화한 이론과 실제
茶話	다화	차 마시며 나누는 이야기
茶香	다향, 차향	차의 향기
大觀茶論	대관다론	宋代 徽宗의 다서
釜炒茶	덖음차	
餠茶	떡차	
東茶記	동다기	다산 정약용이 저술한 다서
東茶頌	동다송	초의선사가 저술한 다서

ㅁ

末茶, 抹茶	말차	차광(遮光)재배한 다도용 가루차
茗	명	늦게 딴 차
茗樹	명수	차나무
茗宴	명연	차를 나누는 모임
茗園	명원	차밭
茗飮	명음	차를 마심

	茗粥	명죽	찻 물을 넣어 만든 죽
	民茶	민차	약초, 나물, 꽃, 허브로 우려 차로 만드는 식물을 필자는 대용차가 아니라 '民茶'로 명명하였다.
ㅂ	薄茶	박차	비교적 젊은 수령의 차나무 잎으로 만든 말차
	發酵	발효	미생물에 의한 유기물이 분해되는 현상이나 후발효차 이외는 찻잎을 산화시키는 현상
	陪茶陪酒	배다배주	술도 마시고 차도 마셔라.
	白磁, 白瓷	백자	고려, 조선의 자기
	餠茶	병차	원형의 緊壓茶
	本草綱目	본초강목	明代 李時珍의 약초서
	釜炒茶	부초차	솥을 이용한 덖음차
ㅅ	三蒸三曬	삼증삼쇄	세 번 찌고 세 번 말림
	上投	상투	여름철 다법(先湯後茶)
	醒茶	성차	차 깨우기

01
그림 | 하영주

	生活茶	생활차	일상생활 중 손쉽게 우리는 차
	素花	소화	8~11월에 피는 하얀 차꽃
	熟盂	숙우	식힘 사발
ㅇ	碾茶	연차	그늘에 기른 말차용 차로 쪄서 말린 차. 맷돌에 갈면 말차가 된다.
	揉捻	유념	찐 찻잎을 식힌 뒤 비빈다.
	乳花	유화	말차를 격불하였을 때 일어나는 거품 꽃
	陸羽	육우	唐代의 茶人, 茶經의 저자
	飮茶	음다	차 마시기
	醫食同源	의식동원	의약과 음식은 그 근원이 같다.
	一期一會	일기일회	타케노 죠오(武野紹鷗)의 일기일회(一期一會) 차모임의 주인과 손님의 마음가짐으로, 주인은 손님에 대해 손님은 주인에 대해 일생에 한번밖에 만날 수 없다는 생각으로 성의를 다하는 것의 다도의 윤리
	一芯二葉	일심이엽	차의 움과 어린 두 잎
ㅈ	雀舌茶	작설차	곡우 전에 딴 차
	磚茶	전차	고형차의 일종으로 벽돌모양의 차
	丁若鏞	정약용	실학자, 차인, 호는 茶山
	主賓	주빈	상객
	中投	중투	봄, 가을 행다 때 사용하는다법
	進茶	진다	어른께 차를 올린다.
ㅊ	茶	차	차나무의 준말로 차나무의 어린잎을 달이거나 우린 물

	茶盤	차반, 다반	찻잔 등을 운반하는 받침
	茶床	차상	다기를 올려두고 차를 나누는 받침이 있는 상
	茶筅	차선	대나무로 만든 말차 푸는 찻솔
	茶匙	차시	차숟갈
	茶卓	차탁	차그릇을 올려두는 탁자
	茶托	차탁	찻잔 받침
	茶桶	차통	찻잎 담는 통
	茶壺	차호, 다호	차 담는 통, 중국에선 다관
	靑柳茶	청류차	임진왜란 때 일본 큐슈로 간 조선 부초차, 아오야기차
	靑苔錢	청태전	돈차
	秋史	추사	김정희 서예가, 차인
ㅌ	侘茶	타차, 와비차	검소한 취향의 다도
	湯罐	탕관	물 끓이는 주전자
	退水器	퇴수기	차 우릴 때 버리는 물 담는 그릇
ㅍ	烹主	팽주	차 우리는 사람
ㅎ	下投	하투	겨울철 차우림, 先茶後湯
	香甘苦澁	향감고삽	茶巧, 일본의 小川八重子茶人의 행다법
	香片茶	향편차	중국의 화차
	畦間	휴간	차나무 사이의 통로(30~40 ㎝)
	畦幅	휴폭	차나무와 차나무 사이의 거리 (150~180 ㎝)
	嬉野茶	희야차	明代에 일본 큐슈로 건너간 부초차, 우레시노차

A	Afternoon tea	오후 3~4시에 다식(스콘, 샌드위치등)과 마시는 홍차(영국식)
	Aloe tea	알로에잎을 썰고 달여 마시는 차
	Aroma	향기
	Assam tea	인도의 홍차산지에 이름을 붙였으며, 밀크티에 적합
B	Bitter	맛이 쓰다.
	Black tea	서양 홍차
	Bow	절하다, 목을 숙여 인사하다.
	Brew	우리다.
	Breakfast tea	영국 홍차의 일종
C	Caffeine	카페인
	Camellia sinensis	차나무
	Catechins	차의 주성분으로 해독, 항암, 지방분해 효과가 있다.
	Ceramics	도자기
	Chamomile	카모마일, 국화차
	Coffee	커피
	Conversation	대화, 소담
	Cool down	물을 식히다.
D	Darjeeling tea	인도 히말라야산맥 동부 지역인 다절링의 홍차로 세계 3대 명차에 속함
	Drink	마시다.
	Dry	건조시키다.
E	Earl Grey tea	홍차의 한 종류, 영국 그레이백작의 꽃향기 홍차

F	Fermented tea	발효차
	Fully fermented tea	완전 발효차
	Half fermented tea	반 발효차
G	Golden rule	홍차 우리는 법
	Green tea	녹차
	Greeting	인사하다.
	Guest	차 손님
	Gymnema tea	김네마티, 인도 민차, 혈당과 비만을 낮춰 주는 차
H	Herbal tea	허브티, 향기, 약성, 기호성 차
	Host	팽주
	Hot water	뜨거운 끓인 물
	Hot water jug	홍차 열탕 보충용 주전자
I	Infuser	차 우리는 거름망(여과기)
L	Lavender	라벤더
	Loose tea	잎차
M	Mate tea	남미의 마테나무 잎으로 만든 차 일명 사랑의 차
	Make tea	차를 만들다(우리다).
	Measuring spoon	메져링 스푼(계량스푼)
	Mint	민트
	Mug	홍차 혹은 커피를 담는 찻잔

N	Nuwara Eliya tea	스리랑카의 홍차
P	Put into	넣다.
	Pour	붓다.
	Pick leaves	잎을 따다.
R	Repeat	반복하다.
	Roast	덖는다.
	Rooibos tea	아프리카의 노화방지용차
	Rub	손으로 비빈다.
S	Samovar	사모바르. 러시아의 홍차용 열탕기
	Sandglass	모래시계
	Serve	드리다. 대접하다.
	Sip	작게 맛보며 마시다.
	Steep	차를 우리다.
	Storage	보관
	Strainer	차 걸름망(여과기)
	Sweet	다식
T	Taste	맛, 맛을 보다.
	Tea bag	잎차를 넣은 작은 주머니
	Tea ball	잎차를 우리는 동근란 공 모양의 여과기
	Tea blends	여러가지 차를 함께 섞은 것으로 주로 홍차를 사용함
	Tea bowl	손잡이가 없는 찻잔
	Tea ceremony	다례, 다도
	Tea cozy	홍차 다관 덮개
	Tea cup	찻잔

02
티 메저링스푼 (Tea Measuring Spoon)

	Tea kettle	찻 물을 끓이는 주전자
	Teaics	다학(茶學)
	Tea pot	차 주전자, 다관
	Tea pouch	차가 담긴 주머니
	Tea room	다실
	Tea sachets	잎차를 넣은 주머니로 투명함
	Tea spoon	차숟갈
	Tea set	차 만드는 기본 세트 (차 주전자, 찻잔, 그리고 걸름망)
	Tea utensils	다구
	Teaware	다구
	Theanine	차의 성분, 아미노산, 진정작용
	The way of Tea	다도(茶道)
	Tin	차 보관용 깡통
U	Uva tea	세계3대 홍차중 하나로 스리랑카의홍차
W	Wellness tea	건강차
	White tea	백차

茶經序

唐皮日休撰

按周禮酒正之職辨四飲之物其三曰漿又漿人之職供王之六飲水漿醴涼醫酏入

제13강

茶書 다서

다서(茶書)

다인(茶人)은 차(茶)를 관심 있게 봐야 색, 향기, 맛을 더 좋게 낼 수 있다. 차의 길(茶道), 차(茶)의 건강과 미용의 길이 어디에 있는가? 차(茶)의 철학, 茶의 예술, 茶의 과학, 茶의 약효, 茶와 예절, 茶와 우리문화 등 모두를 담고 있는 다서(茶書) 속에 그 길이 있다.

차(茶)에 대한 고서로는 중국의 본초경(본초서), 다경(茶經), 그리고 한국의 다신전(茶神傳), 동다송(東茶頌) 등을 들 수 있다.

01

중국 다인 육우의 다경

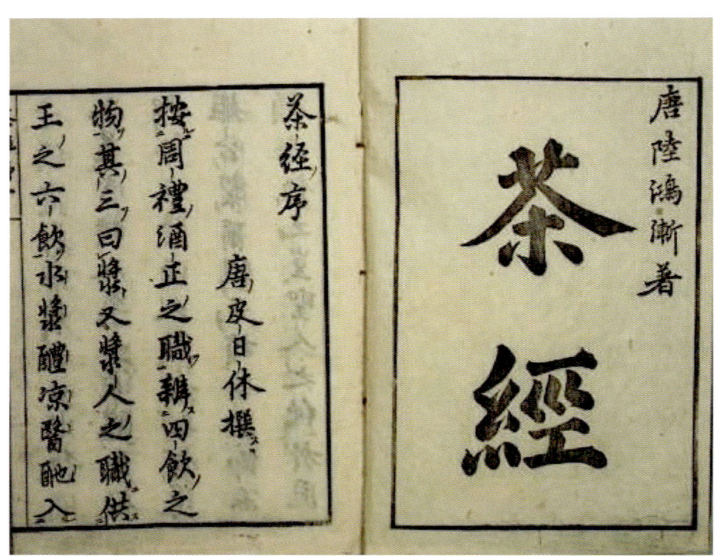

唐陸鴻漸著

茶經

茶經序 唐皮日休撰

按周禮酒正之職辨四飲之物其三曰漿又漿人之職供王之六飲水漿醴涼醫酏入

◉ 신농(神農 기원전 3494년)의 의학에 관한 지식은 오랫동안 구전되어 오다가, 문자가 만들어지면서 양나라 도홍경(452-536)이 '신농본초경(神農本草經)' 으로 정리하였다. 365종의 약물이 수록되어 있으며, 상약, 중약, 그리고 하약으로 구분되어 설명되어 있다.

◉ 육우(陸羽 727~803)의 다경(茶經)

780년 경에 지어진 세계 최초의 중국 다서(茶書)로써 저자인 육우는 검소한 덕, 검지덕(儉之德)을 주장하고 있다. 형식에 치우치지 않는 다도(茶道), 차의 근원, 제조, 끓이는 법, 산지 등 차의 기본을 배울 수 있는 중요한 책이다.

◉ 초의 선사가 엮은 다서인 다신전(茶神傳)은 차를 만들기, 따기, 우리기 등 만보전서에서 차에 대한 부분을 추려 설명한 책으로 1830년 경에 완성되었다. 후에 우리나라의 차에 대한 최고의 고전인 '동다송(東茶頌)'은 초의 선사가 1837년에 완성하였으며, 그의 〈茶와 중정(中正)〉이라는 차의 정신을 배울 수 있다.

◉ 저자에게 '다학의 길'을 가도록 이끌어준 소중한 15권의 다서를 소개한다.

1) 최범술 선생의 '한국의 다도(茶道)'는 차인들을 위한 기본 필독서이며, 부록에 있는 육우의 '다경(茶經),' 초의선사의 '동다송(東茶頌) '의 풀이와 해석이 있는 점이 아주 중요하다.

2) 김운학 선생의 '한국의 차문화' 는 한국의 차 유적지를 잘 소개하고 있고, 부록에 있는 다신전, 동다송, 다경을 비교하고 있다.

3) 김미희 선생의 '명원다화(茗園茶話)'는 차의 개론, 역사, 차시(茶詩), 차와 미술, 생활차를 격조 높게 표현하고 있고, 차의 고전인 다신전, 동다송, 다소도 함께 풀이 해석하고 있음이 중요하다.

4) 금당 최규용 선생의 '금당다화(錦堂茶話)'는 근세의 차인들의 마음가짐, 교류 차생활을 자세히 알려 주고 있다.

5) 김명배 선생의 '다도학(茶道學)'은 다학 강의의 교재로 적당한 책이다. 일본차에 대한 자세한 내용과, 옛 백자다관, 추사선생의 편지글 등의 수록으로 좋은 자료집이다.

6) 정영선 선생의 '한국의 차문화'는 다학의 개론, 차문화사, 차생활의 실제를 잘 저술하였음으로 다학의 교재로 적당하다.

7) 김대성 선생의 '초의선사의 동다송(東茶頌)'은 다송자의 필사본을 곁들이고 폭 넓은 차의 세계, 차문화의 설명을 담고 있다. 한권의 '동다송'에 관한 책을 들라하면 이 책을 권하고 싶다.

8) 이정애 선생의 '종정다도선집(宗貞茶道選集)'에는 신라 차, 예절문화가 잘 정리되어 있으며, 다신전, 동다송, 다소 등 다서의 설명 또한 잘 되어 있다.

9) 이정애 선생의 '산사에서 만든 차'는 절집에서 스님들이 실제로 만드시는 차와 민차를 잘 수록하였다.

10) 김의정 선생의 '알고 마시는 차'는 일반인 그리고 차 전문가에게 권하고 싶은 '차의 독본'이며, 민차에 대해 상세하게 정리된 부분 또한 중요하게 볼 필요가 있다.

11) 박용구 선생의 '차의 식물지'는 차나무의 백과사전이다. 100 여종의 차나무의 소개와 관리를 다루고 있다. 다원을 운영하는 사람들에게는 필독서로 추천한다.

12) 오미정 선생의 '차, 생활차문화개론'은 차생활문화 강의 노트로 저자가 강조했듯이, 차를 배우는 사람들에게는 좋은 교재용 다서이다. 또한 다신전, 동다송의 풀이를 담고 있다.

13) 일본인 저자 이와마 마치코(いわま まちこ, 岩間 眞知子) 선생의 "차의 의약사-중국과 일본'에서는 차는 약으로 시작되었다는 서문(Tea began as a medicine)이 말하듯, 의약적 관점에서 차를 설명하고 있다. 또한, 중국 청대의 의약서에서 우전차, 보이차의 설명 및 사용한 원문을 볼 수 있고, 다료의 옛 그림 또한 수록되어 있어서 중요한 다서로 생각한다.

14) '日本茶 インストラクター講座 I, II, III'에서는 일본차의 모든 것을 담은 전문서로 교재용 책자로써 중요하다.

15) Mary Lou Heiss and Robert J. Heiss 의 저서인 'The Tea Enthusiasts Handbook' 에서는 주 녹차 생산국인 중국, 한국, 일본을 비교 설명하고 있어, 세계인들에게 동양의 녹차를 알리는데 도움이 되는 다서이다.

◉ 다인들에게 도움이 되는 차(茶)에 대한 주요 참고 도서(1975-2011년까지 출판된)를 연대별로 정리를 해 보면 아래와 같다.

1) 최범술, '한국의 다도(茶道),' 보연각, 1975.

2) 이능화, '불교홍통사,' 영산법화사, 1979.

3) 김동일 외, '동의학사전,' 과학백과사전종합출판사, 1990.

4) 정보섭, 신민교, '鄉藥大事典,' 영림사, 1990.

5) 다경원, '茶爐經卷,' 해인사다경원, 1995.

6) 정영선, '한국의 차문화,' 너럭바위, 1995.

7) 조수현, '雙鷄寺 眞鑑禪師碑,' 이화문화출판사, 1998.

8) 동의학사전 편찬위원회,'新 東醫學事典,' 북피아(여강), 2003.

9) 최규용, '錦堂茶話,' 이른 아침, 2004.

10) 김미희, '명원다화(茗園茶話) 1,' 하늘숲, 2005.

11) 김명배, '다도학(茶道學),' 학문사, 2006.

12) 김운학, '한국의 차문화 (다유락 선고다인 총서2),' 이른아침, 2006.

13) 김명배, '中國의 茶道,' 명문당, 2007.

14) 류건집 외, '한국차문화사,' 이른아침, 2007.

15) 이범교, '삼국유사의 종합적 해석-상하(上下),' 민족사, 2007.

16) 손연숙, '손연숙의 차문화기행,' 이른아침, 2008.

17) 류건집 엮음, 초의 지음, '동다송 주해,' 이른아침, 2009.

18) 박동춘, '초의선사의 차문화 연구,' 일지사, 2010.

19) 주영애, 이현숙, 최배영, 박성선, 김진숙 지음, '세계의 차문화,' 성신여자대학교출판부, 2011.

20) 정민, '새로 쓰는 조선의 차문화,' 김영사, 2011.

21) 이진수, '정석 차의 이해,' 꼬레알리즘, 2015.

◉ 해외저서(일본과 미국에서 출판된 차와 다도에 관련된 도서)

1) Albert S. Lyons, M.D. and R. Joseph Petrucelli, Ⅱ, M.D., 'Medicine An Illustrated History,'Gakken, 1980.

2) 나카사토 츠네코(中里恒子)편, 일본의 명수필 24 茶, 작품사, 1984.

3) Nadine Taylor, 'Green Tea,' Kensington Pub Corp, 1998.

4) Christine Dattner, 'The Book of Green Tea,' Universe, 2003.

5) Oh Myung Ha (researcher), 'East Meets West-Dado, Korean Tea Ceremony,' Donghwa Cultural Foundation, USA, 2005.

6) Anthony Burgess, 'The Book of Tea,' Flammarion, 2005.

7) 高野實外, '綠茶の事典,' 柴田書店, 2005.

8) 日本茶インストラクター協會, '日本茶インストラクター講座,' 2005.

9) 小川誠二, '茶仁貞く,' ㈱クリエイタ,' ズクラブアルゴ, 2007.

10) May Lou Heiss and Robert J. Heiss, 'The Story of Tea: A Cultural History and Drinking Guide,' 2007.

◉ 국내에서 발간되는 차(茶) 전문지

月刊 茶道, 茶談, Tea & People, 茶의 세계, 茶人, 茶와文化

벗이여
茶를 따르게
茶는 半만 채우고
半은
그대의 情을
채우고
나는 그대의
情과 茶를
함께 마시리

02

다정, 시/글 하 오명

제14강

茶
차 정신

차(茶)정신

茶는 기교가 아니야,
茶는 자랑이 아니야,
茶는 소탈한 것이야.
茶란 홀로 하는 것이야.
茶란 용서하는 것이야,
茶란 中正이어야 혀!

– 艸衣(초의선사) –

차(茶)의 근원은 의식동원(醫食同源)에서 왔다. 하지만 단순한 음료 혹은 의약으로써의 차(茶)가 아닌 정신, 문화와 함께 한다. 차(茶)는 송나라의 성리학에서 나온 도학(道學)의 창시자 노자를 통해 茶의 철학, 하늘 자연을 그대로 담은 차(天稟茶)의 정신이 시원(始原)이기도 하다. 노자가 말한 몇 구절들을 찾아 보면 아래와 같다.

◉ 지족(知足): 족한 줄을 알라.
◉ 무위자연(無爲自然): 사람의 힘을 가하지 않은그대로의 자연
◉ 도법자연(道法自然): 도(道)는 자연의 법칙을 본받아야 한다.
◉ 상선약수(上善若水): 최고의 선은 물과 같다.

"차(茶)는 바로 선(禪)이며 도(道)다." 이러한 도교의 정신이 풍류를 낳고, 이 풍류도가 신라의 풍류도, 급기야 국선도(國仙道), 화랑도로 꽃을 피웠다. 여기에 불교정신이 깃들여, 화랑의 차(茶)가 영글어졌다. 조선후기의 대선사로서 우리나라 다도를 정립한 초의선사는 이처럼 소박하고, 너그러운 차(茶) 마당을 갈구하였다. 그의 사상은 선(禪)과 다선일미(茶禪一味)의 사상으로 집약되는데, 차(茶) 안에 부처님의 진리와 명상이 함께 있어, 많은 이들에게 차(茶)의 정신과 도리를 가르쳐 주고 있다. 우리의 茶의 정신인 중정(中正), 즉 치우침이 없고 올곧아야 한다는 뜻으로 초의선사의 가르침에서 나왔다고 볼 수 있다.

차(茶)의 정신을 말하자면 일본의 차정신을 살펴볼 필요가 있다. 16세기 일본 다인 센노리큐(千利休)의 다실(茶室)은 불완전, 공허,

01
두륜산, 대흥사 경내에 있는 초의선사 초상화

간소, 청정, 청빈(淸貧)한 예술적, 수도적 공간이었다. 그러한 다실 안에서 볼 수 있는 일본다도(茶道)는 불교적, 도교적, 예술적인 조화였다. 다정(茶庭 차 뜨락)속의 노지(露地)는 속세에서 선계(仙界)로 가는 길이었다.

차실(茶室) 속의 도꼬노마[床の間]란 옛 불단(佛壇 부처님 모신 자리)의 변형이었다. 중국에서 연유되었지만, 차(茶)의 실천철학으로 심화시킨 화경청적(和敬淸淑), 사규(四規)는 일본 다도(茶道)의 정신이 되어 있다.

◉ 화(和) : Harmony 유교의 덕목으로 평등을 가르치고 배운다. 팽주와 손님이 하나 되는 것이다.

◉ 다실(茶室)의 린구(躙口 작은 쪽문) : 무사나 귀족일지라도 신분을 낮추고, 평화로움과 부드러움을 위해, 칼을 밖에 두고, 고개를 숙이고 무릎걸음으로 다실로 들어오게 했다.

◉ 경(敬) : Respect 茶道 스승과 손님에 대한 존경과 스스로 몸을 낮추는 겸손함이다. 이찌고이찌에(一期一會)라는 "일생 한번 만난 귀한 손님에게 올리는 茶"라는 의미가 담겨 있다. 즉, 상대를 최상으로 높이는 것이다.

◉ 청(淸) : Purity 청결도 뜻하지만, 넓은 뜻으로는 세간의 속정(俗情)을 버리고, 마음을 맑게 (洗心, 淸心)가지라는 뜻이다. 노지(露地 – 茶 뜨락과 中門을 지나 茶室로 가는 길)와 선계(仙界)

◉ 적(寂) : Tranguility, 와비차(侘び茶)의 정신, 마음을 고요하게, 불교용어 적멸(寂滅)에서 인용되었다. 수행득도(修行得道)의 환경, 茶室엔 화려한 그림보다 묵적(墨跡 교훈적, 불교적 서예 작품)을 두고 있다. 화경(和敬)은 사람과 사람과의 관계로 윤리적인 의미로 풀이한다. 화경청(和敬淸)이 정신적 가치를 나타낸 것만이 아니고 다도(茶道)에 대한 실천의 의미도 크다. 적(寂)도 정신과 실천 양방향에 가치가 있다.

02

다호시로 사용된 자자회문시 (字字回文詩)

가이청심야(可以淸心也 마음을 맑게 할 수 있고)
이청심야가(以淸心也可 맑은 마음으로 마셔도 좋다)
청심야가이(淸心也可以 맑은 마음으로도 괜찮으니)
심야가이청(心也可以淸 마음도 맑아질 수가 있고)
야가이청심(也可以淸心 뜻한 마음을 맑게 해준다)

03

조선시대 차를 마시던 다실

04

합천 청량사 차공양 대좌보살상

제15강

茶 차 문화

차(茶)문화

문화(文化)란 풍류, 예술, 종교, 철학, 학문, 격(格), 멋, 생활의 편리성 등이 어우러진 것을 말한다. 다도(茶道)에서도 문화의 성격들을 찾아볼 수 있으므로 이를 차문화(茶文化)라 부르며, 크게 네가지 요인으로 나눌수 있다.

첫째, 다도 철학이 무르익어 茶정신이 드러나야 하고 이를 실천에 옮겨야 한다.

둘째, 茶人은 자연미(自然美)를 꿰뚫어 보는 심미안이 소중하다. 자연의 바위, 소나무와 대숲, 흐르는 물, 물확, 단지와 항아리, 들꽃과 차나무들이 자연스런 풍치로 어우러져야 한다.

셋째, 다도미학(茶道美學)은 가장 소박하게 만들고 다듬은 예술미(藝術美)이다.

넷째, 茶는 철학이고 과학이며, 이를 학문으로 여겨 끊임없이 공부해야 한다.

01
차문화

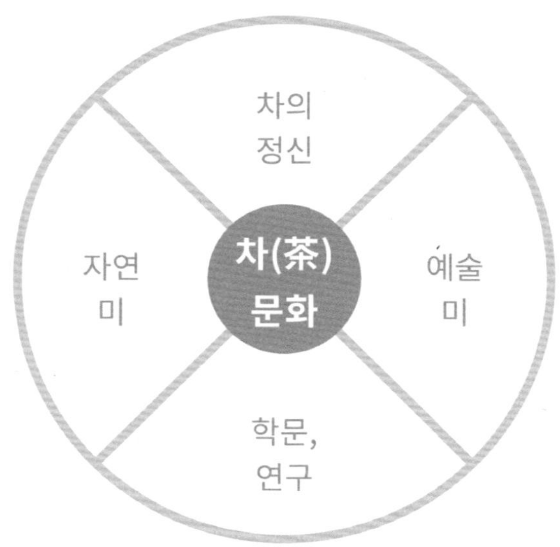

(1) 차의 정신
다선일미
유현(깊고 그윽한 경지)
중정(올곧고 치우치지 않는다)
소박함, 편안함
화경청적
오상

(2) 자연미
소박하고 작은 다실
연못, 정원
죽견, 물확의 아름다움
수반속의 자연(축소의 미학)
석지조
민차와 퓨전티의 어울림

(3) 예술미
서예-화두(話頭)
도예-다기
목공예- 찻상, 칠공예, 다기
음악-다악
의상-한복의 미
석공예

(4) 학문, 연구
다학
옛 다서의 재해석
문화 유적의 재해석
다실의 재현
문화 용어의 재해석
다학 박물관
다서 전문 도서관
대학의 다학 연구

◉ 차(茶)의 열 가지 요소가 대중문화 속에 어우러지고, 녹아들어야 뿌리 깊은 생활문화로 거듭날 수 있다.

(1) 예(藝) - 茶는 시(詩), 도예(陶藝), 공예(工藝), 다악(茶樂), 조경(造景)과 다실미(茶室美)에서찾아 볼 수 있다.

(2) 겸(謙) - 겸손하고 또 겸손해야 된다.

(3) 검(儉) - 사치하지 말라. 검소하고 절약하면서 능력에 맞게 봉사해야 한다.

(4) 정(淨) - 맑아야 한다. 속되지 않아야 한다.

(5) 자(慈) - 서로 사랑하고 도와야 한다. 상생(相生)의 큰 힘을 믿어야 한다.

(6) 인(忍) - 화가 치밀 때, 茶를 마신다. 참고 또 참아야 한다.

(7) 향(香) - 자연속의 향기와 인품에서 우러나는 향내가 있어야 한다. 낭만성도 경우에 따라 향기가 된다.

(8) 예(禮) - 고전적 예절만이 아니라 에티켓, 매너 또한 좋아야 한다.

(9) 시(施) - Give & Take에서 Give & Give라야 한다.

(10) 학(學) - 배우면 지혜로워진다. 茶생활과 茶學은 평생 수업으로 공부해야 한다.

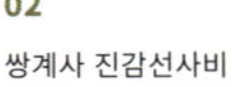

02

쌍계사 진감선사비

한국의 차문화(茶文化)는 한마디로 고운 최치원 다인(茶人)이 쓴 비, 진감선사비(眞鑑禪師碑, 37行 70字, 총 2414字로 구성됨)에 농축되어 있다. 비에는 당나라에서 수도한 선불교(禪佛教)의 가르침과 진감선사의 정신을 담고 있다.

- ◉ 일심위본(一心爲本) 한마음이 근본이니
- ◉ 여등면지(汝等勉之) 너희들은 힘쓸지어다.
- ◉ 수진오속(守眞忤俗) 참다움을 지키고 속됨을 버려라.

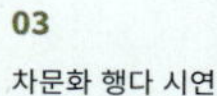
03
차문화 행다 시연

차(茶)는 종합예술이고, 전통문화이다. 차(茶)를 마시는 이유는 건강을 위해서도 있지만 문화와 풍류를 위해 차문화(茶文化)를 즐긴다. 진솔하고 다정한 얘기꽃을 피울 땐 반드시 찻자리를 만든다. 글로벌 시대의 외국인과의 사교는 자국의 뚜렷한 문화를 알리는 능력도 소중하다. 그러나 경제, 문화의 글로벌화는 육식 중심, 튀김 요리 방향으로 식문화가 옮겨가며, 서구형 질환인 심혈관질환이 급증하기에 이르렀다.

육류, 우유, 기름, 과식, 편식이 준 위해(危害)이다. 가장 간편하게 피를 맑게 하는 잎, 지방을 분해하는 잎이 녹차인 것을 재인식하게 되었다. 옛 선조들이 즐기던 〈풍류의 차〉에서 〈웰빙의 차〉가 된 셈이다. 한국의 가정에서 〈차생활〉은 다시 주목받게 되었다. 그 가장 간편한 방법이 생활차(生活茶)의 행다법이다.

차(茶)는 대화의 도구이다. 차(茶)가 문화인 것은 차(茶)는 사람과 사람을 조화시켜주는 다담(茶談), 즉 대화를 이루어주기 때문이다. 구체적으로는 들뜬 문화, 동적(動的) 문화를 제어할 수 있는 차분한 문화, 정적(靜的)문화요, 생활문화이기 때문에 마음을 다스려 준다. 미학(美學)을 자연 인생과 예술에 관한 미(美-아름다움)를 대상으로 하는 과학이라 했는데, 차(茶), 차생활(茶生活), 다학(茶學)도 미학적 요소가 많다. 차(茶)는 향기롭고, 아름답다. 차인들이 차문화(茶文化)의 예술철학을 이해하려 할 때 더욱 아름다울 것이다. 이런 차(茶)의 미학(美學)을 도식화하여 보면 아래와 같다.

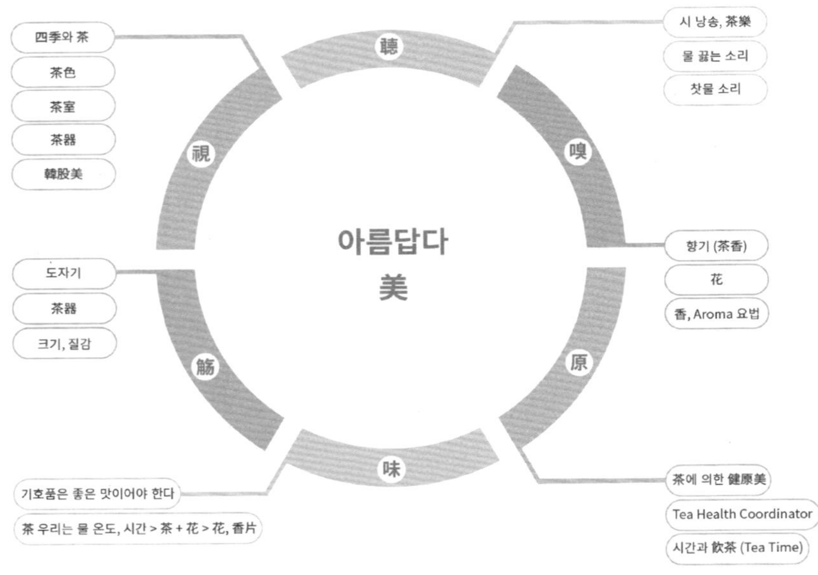

04

차생활과 Mind Map

◉ 차문화(茶文化)의 구성

(1) 心 마음 심
心願(심원) – 마음으로 바람
心德(심덕) – 너그럽고 착한 마음
心學(심학) – 마음을 수양하는 학문

(2) 佳 아름다울 가
佳景(가경) – 좋은 경치
佳茗(가명) – 좋은 茶
佳賓(가빈) – 반가운 손님
佳趣(가취) – 좋은 취미
佳器(가기) – 좋은 그릇

(3) 仙 신선 선
仙人(선인) – 신선
仙居(선거), 仙家(선가) – 신선이 사는 곳
仙樂(선악) – 미묘한 음악

(4) 雅 바를 아
雅友(아우) – 풍류스런 벗
雅客(아객) – 풍류스런 손님
雅致(아치) – 고상한 취미

(5) 麗 고울 려
麗雅(려아) – 아름답고 우아함
麗人(려인) – 미인

(6) 美 아름다울 미
美感(미감) – 아름다움에 대한 쾌감
美談(미담) – 갸륵한 얘기
美服(미복) – 고운 옷
美食(미식) – 맛난 음식
美行(미행) – 아름다운 행실

(7) 健 병 없을 건

健康(건강) - 몸이 튼튼하고 병이 없음

健步(건보) - 잘 걷는다.

健婦(건부) - 기력이 좋은 여성

(8) 花 꽃 화

花月(화월) - 꽃과 달(아름다움의 극치)

花乳(화유) - 茶의 다른 이름

花煎(화전) - 꽃부꾸미

花容(화용) - 아름다운 여인의 얼굴

花木(화목), 花樹(화수) - 꽃나무

(9) 藝 재주 예

藝術(예술) - 학예와 기술

藝技(예기) - 손재주

茶藝(다예) - 행다예술

(10) 香 향내 향

香氣(향기) - 향내

香薰(향훈) - 꽃다운 향기

香魂(향혼) - 꽃의 향기, 미인에 비유

香片(향편) - 향차

香茶(향차) - 향내 나는 茶

(11) 聲 소리 성

聲詩(성시) - 음악

聲色(성색) - 말소리와 얼굴 빛

聲貌(성모) - 말소리와 얼굴 모습

松風聲(송풍성) - 물 끓는 소리

(12) 色 낯 색

色覺(색각) - 빛깔을 구별하는 감각

色調(색조) - 빛깔의 조화

色德(색덕) - 여자가 갖춘 고운 얼굴과 갸륵한 덕행

色紬(색주) - 물감을 들인 명주

차는 미학(美學)이다.
차에서의 아름다움을 찾고, 차인들이 차문화의 예술 철학을 이해하기 쉽도록 아래와 같이 Mind Map을 중심으로 설명하면 이해와 공감이 더 빠르고 클 것이다.

◉ 저자는 한국전역에 있는 차와 관련된, 문화, 역사 및 예술을 배울 수 있는 곳들을 포함시켜 한국차문화 지도를 만들어 보았다.

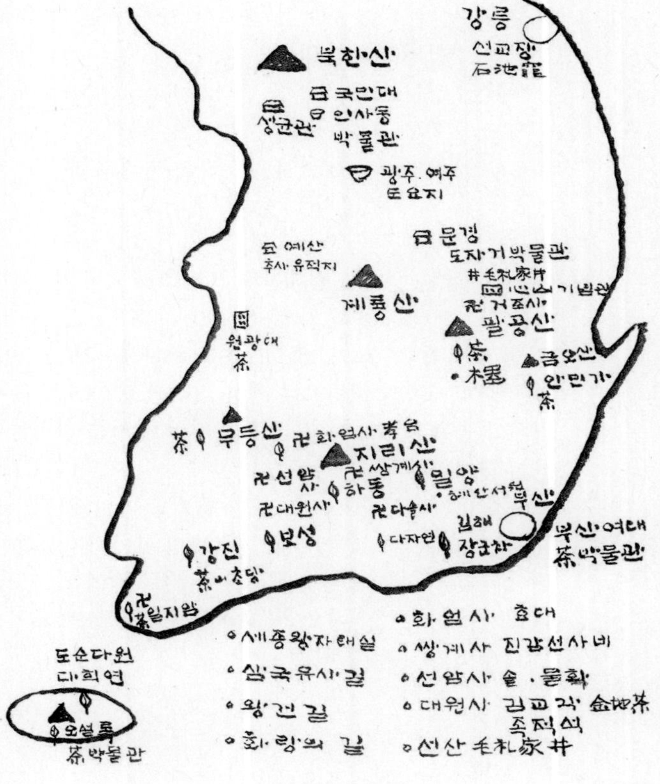

◉ 차(茶) 문화중에서 중요한 부분인 서예는 차(茶)의 역사(歷史)를 전했다.

차(茶)와 서예의 만남은, 송나라 때 쫓겨온 문인들이 연적(硯滴)으로 다호(茶壺)로 삼았다는데서도 연유된다. 서예는 차(茶)의 역사(歷史)를 전하는 중요한 예술적 매개체이다. 신라차에 대해 진감국사비와 신라토기에 새겨진 글들, 퇴계 이황, 고종황제의 시들에서 차에 대한 언급을 볼 수 있다.

(1) 진감국사비의 신라차
하동 쌍계사의 진감국사비는 고운 최치원선생이 구양순체의 필의(筆意)로 썼다. 비에 새겨진 글들 중 차에 관한 용어가 나온다.

漢茗 : 한명(당나라의 茶)
薪爨 : 신찬(나무로 불을 땐다.)
石釜 : 석부(돌솥)
守眞忤俗 : 수진오곡(진솔한 것을 지키고 세속의 흐름을 거스른다.)

(2) 서울 北村 윤보선 전대통령 생가의 고종 황제의 현판 복다(服茶)
'차의 진실 (이기윤 저, 위드스토리 출판사 , 2012)' 이라는 책의 서두엔"우리나라 사람으로 처음 커피를 마신 사람은 고종황제이고, 러시아 공관으로 파천했을 때, 손탁이 끓여준 커피를 마셨다." 라는 글이 나온다. 커피를 좋아한 고종을 다인(茶人)들은 그다지 좋아하지 않았었다. 그러나 고종황제도 다인(茶人)이었다. '茶 마셔라'라는 현판을 윤前대통령의 할아버지에게 내린 것이다. 현판은 푸른 하늘색 바탕에 금빛 글씨로 되어 있는 명필이다. 한마디로 대원군의 예술적 끼가 고종황제의 글 속에 살아있는 것이다.

05

고종황제의 복다(위),
필자가 쓴 고종의
복다(아래)

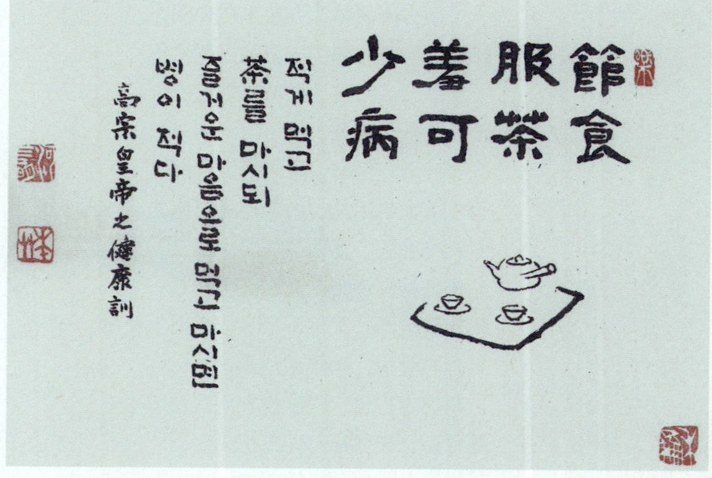

◉ 한.중.일의 차(茶)에 관한 시들을 살펴보면, 중국엔 당나라의 차를 사랑하는 노래를 한 노동의 시, 일본의 다도를 최고로 만든 다인 센노리큐의 시, 그리고 한국에는 차의 정신을 노래한 초의선사의 시들이 있음을 볼 수 있다.

중국 당시인 노동(盧仝 790~835AD) 가 맹간의라는 관료로 부터 선물 받은 새차에 대한 감사의 마음을 담은 답신에서 유래 되어, 현재는 중국차를 대표하는 시로 알려 진 "차(茶)의 노래"가 있다.

《走筆謝孟諫議寄新茶》
日高丈五睡正濃，軍將打門驚周公。
口云諫議送書信，白絹斜封三道印。
開緘宛見諫議面，手閱月團三百片。
聞道新年入山裏，蟄蟲驚動春風起。
天子須嘗陽羨茶，百草不敢先開花。
仁風暗結珠琲瓃，先春抽出黃金芽。
摘鮮焙芳旋封裹，至精至好且不奢。
至尊之餘合王公，何事便到山人家。
柴門反關無俗客，紗帽籠頭自煎吃。
碧雲引風吹不斷，白花浮光凝碗面。
一碗喉吻潤，兩碗破孤悶。
三碗搜枯腸，唯有文字五千卷。
四碗發輕汗，平生不平事，盡向毛孔散。
五碗肌骨清，六碗通仙靈。
七碗吃不得也，唯覺兩腋習習清風生。
蓬萊山，在何處。
玉川子，乘此清風欲歸去。
山上群仙司下土，地位清高隔風雨。
安得知百萬億蒼生命，墮在巔崖受辛苦。
便為諫議問蒼生，到頭還得蘇息否。

"차의 노래" 시의 일부분은 "일곱잔의 차(七碗诗)"로 알려져 있다. 그 내용은 첫째 잔은 입술과 목을 적셔주고, 둘째 잔은 외로움과 슬

픔을 없애주고, 셋째 잔은 내속을 찾아 보지만, 결국 수만은 경구들을 제외하곤 아무것도 찾지 못하며, 네째 잔은 몸의 따뜻해지며, 모든 인생의 불공평함이 빠져 나가며, 다섯째 잔은 육신을 맑게 하고, 여섯째 잔은 날아갈듯 내가 영(원)들과 통하게 되며, 일곱째 잔은 마시기도 전에 신선이 된듯 나의 소매안으로 신선한 바람이 분다고 차(茶)에 대해 노래 한 점이 인상적이다.

한국을 대표하는 추사 김정희선생의 아버지가 초의선사에게 "왜 茶를 마시는가?" 라는 질문에 답을 한 시로 차를 마시는 이유, 마음의 자세, 그리고 정신이 깃들여 있는 시로 다인들에게는 아주 소중하다.

茶를 마시는 理由

詩·艸衣禪師

茶는 홀로 마시는 것을 으뜸으로 생각합니다
홀로 마시고 있노라면 萬感이 交叉합니다
그 交叉하는 萬感이 차차 줄어듭니다
그러면 맨 나중에 남는 것은 空虛뿐입니다
그리고 그 空虛를 조이면 盛饌이 생깁니다
그 盛饌을 거듭 거듭하노라면
나를 섭섭하게 했던 사람들을
나를 害치려 했던 사람들을
容恕하는 마음이 생깁니다
그 容恕하는 마음 이전에 지녔던 欲望과 執着과
打算과 善惡의 固定觀念은
차차 줄어들고 드디어는 사라지게 됩니다
그것은 모든 瞑想의 과정에서 비롯됩니다
그래서 茶는 瞑想文化의 一種이라고도 하고
禪의 方便이라고도 합니다
우리가 茶를 마시고 즐기는 窮極的인 뜻이라
하겠습니다.

06

초의선사 글

서예/ 하오명

일본 다도를 꽃피운 다인 센노리큐(千利休)의 목각이야기를 현 일본 구주시협회 회장인 남방화 시인은 아래와 같이 새롭게 노래한다.

08

리큐예찬 남방화
시인의 시
서예/ 하오명

利休禮讚

詩. 南邦和

내 손에 木造作品이 있다.
詩人이며 조각가인 무라카미 잇꼬(村上一光)의
단칼의 作品「利休」(높이 20 cm)
벌써 30년도 前에
나의 콜렉션 안의 한 점
그 背面에 詩魂彫心의 넉자가 있다.
그後 作家와는 消息不通인 채다.
도코노마(床の間)에 모셔도 그 利休像에
강하게 이끌리게 된 것은
겨우 七0代에 들어서부터이다.
千利休가 다이코히데요시(大閤秀吉)의 노여움을 사
京都의 주라쿠데이 利休 自宅에서 自決한 것은
덴쇼(天正) 19년 2월 28일 아침 나절
利休 七0才

울타리도성(都城) 사카이(堺)에서 태어나 자랐고
田中與次郎에서 宗易또한 利休居士로
보기 좋게 탈피해 간 茶人 利休
노부나가의 茶頭에서 天下를 장악한 풍신수길의
茶頭에 오르고 時代의 총아로서 계단을
오른 오오토모소린(大友宗麟), 호소카와 다다오키
(細川忠興), 후루타 오리베(古田織部)
이름 있는 영주들과 친했다.

美의 演出家 千利休의 시나리오는
지금도 많은 茶會記에 남아 있다
더없이 高麗茶碗을 사랑한 千利休
고오켄 바카마(狂言袴)茶碗, 히키노사야(挽木の鞘),
三島茶碗, 니도쿠미시마(三德三島)
그 말할 수 없는 불의 화염 속에서
利休는 먼 날의 한 사람 半島女人의
아름다운 幻想을 보고 있었다 한다.

고활 야비한 깨쟁이 猿面冠者
패왕 히데요시와 美의 司祭

인생칠십
아아 그 무엇이던가.
보검을 들어 나는
부처도 쳐죽이고 조사도 쳐죽이노라.
나는 스스로 갑옷에서 칼을 꺼내
지금 이때
하늘에 던질 것이다.

美의 순교자 利休의 최후는
利休 저택 한칩반 茶室이었으나
거기는 美를 지향하는 무변의 무대
살육의 피바다로 물들어진 히데요시의 영광과
스스로를 죽에 와비(閑寂)美學을 완결시킨 利休
참된 勝者는 어느 쪽이었던가?
利休伝說은 一疊半에서 만들어졌다.

引用은 利休遺偈에서

款. 尹章根 (作家)

제16강

차와 과학

茶

차(茶)와 과학

"차(茶)는 늘 따뜻하게 마셔야 한다."

냉차를 찾는 사람은 비만하거나 동맥경화가 일어나 있는 사람이 많다고 한다. 차(茶)는 따뜻할 때 마시는 것이 좋다. 따뜻한 차(茶), 온차(溫茶)는 여름철 냉방병 치료에도 도움이 된다. 그러면 왜 냉차는 피해야 하는가? 냉차를 마시면 신진대사의 능률이 떨어지고, 특히 지방대사가 좋지 않아진다. 다이어트를 목표로 차(茶)를 마시는 사람에게는 따뜻한 차가 좋다. 굳이 냉차를 마시려면 우물물 정도의 온도 12 ℃가 하한선이라 믿으며 차를 마시면 큰 문제는 없다. 이처럼 차(茶)를 느낌으로 냉차보다 온차가 좋다는 말보다 냉차와 건강에 관한 과학적인 접근이 있을 때 설득력이 있을 것이다.

◉ 차(茶)는 기호성과 유효성에 따라 우리거나 끓이는 방법이 다르다.

1) 녹차를 우리는 비율, 물의 양, 온도

茶葉 6 g (3인분) + 물 250 mℓ → 1분간 70°C → 거른다 → 봉소(蜂巢) 다관의 거름망 → 茶

2) 민차(民茶, 건강차)의 비율, 물의 양, 온도

3) 약초(民茶, 本草)의 비율, 물의 양, 온도

동양의 약초로 달인 탕(湯)은 물의 양을 1/2정도로 줄이고, 서양의 달이기(Decoction)는 2/3정도로 졸인다. 그러나 기호성, 유효성의 차(茶)나 탕(湯)은 변수가 많음에 유념해야 한다. 기준을 지켜가자는 것이 과학성이다.

◉ 차(茶)의 무게와 부피를 계량(計量)한다면 좋을 것이다.

차(茶) 우리기는 과학으로 하지 않고, 감(感)으로 한다. 평생 밥을 짓는 주부도 한 번씩 죽밥(진밥)도 하고, 고두밥(된밥)도 하지 않는가. 기준은 세워둬야 한다. 처음 茶를 배울 때는 기준, 계량을 꼼꼼히 지켜야 하고, 숙련이 되면 감(感), 습관으로 해도 무방하다.

찻잎 1 g : 더운 물을 식혀서 (70 ℃) 50 ㎖
1인분 찻잎 2 g
다관은 인원수에 따라 一人器, 二人器, 三人器, 五人器 등을 선택한다.
혼자서 茶 우리면서 五人器를 쓰면 차맛, 다향이 온전치 못하다.
물의 계량은 숙우(熟盂 식힘 사발)로 한다.

"七分茶, 三分情 (70 % Tea, 30 % Affection)"이라는 茶 이야기는 한 잔 가득 찻물을 따르지 않고, 7할만 찻물을 따르고, 3할은 茶 우리는 이-팽주의 마음을 담는다는 말이다. 찻잔에 7할을 눈대중으로 담아 보면 약 60 % 정도 담긴다. 60 %나 70 %가 뭐가 크게 다른가 할 수도 있지만, 이 느슨한 마음이 죽밥, 된밥을 만들게 한다.

◉ 차(茶)는 과학성이 중요하다.

차(茶)를 덖고, 찌고, 끓인 물을 붓고 하는, 그리고 보관하는 과정에서 산화, 환원의 반응을 통해 향과 맛과 약효가 달라지게 된다. 茶의 주 성분인 카데킨류(EGCg)의 분석 결과를 보면 퍽 흥미롭다. EGCg(epicatechin gallo gallate)의 함량 정도가 성인병 예방(특히 비만증, 동맥경화)의 효과를 좌우 할 수도 있다.

Steamed green tea	Roasted green tea
EGCg	EGCg
387.2	363.3
Oolong tea	Black Tea
EGCg	EGCg
477.1	62.9

찐 녹차에서 카테킨 성분 함량이 제일 높고, 홍차(Black Tea)에서 제일 낮게 나타남을 볼 수 있다.

또 다른 실험에서는 비발효차인 증제차 및 덖음차에서 카테킨에 의한 항균작용의 뛰어난 연구 결과도 자주 보곤 한다. 그 예로, 일본인들의 회요리 다음에 꼭 마시는 녹차는 이러한 과학적 사실을 뒷받침한다. 또한, 중국의 우롱차는 4종류의 카테킨의 특유한 조화, 그리고 독특한 약효와 풍미로 다른 나라의 차제조법과 차의 양성에서 격차를 벌리고 있음 또한 주목해야 한다.

01

녹차 카데킨효과

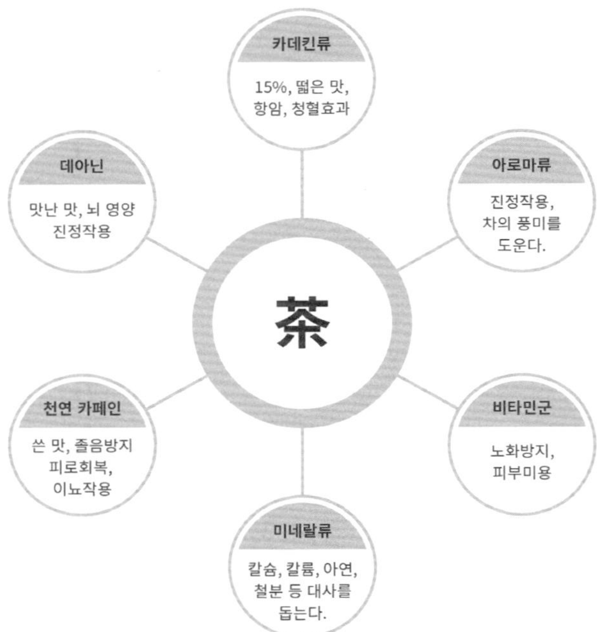

차의 맛은 다양하며, 이러한 다양한 맛을 'Tea Master (한국티 소몰리에 연구원)'에서는 아래와 같이 과학적으로 분석 하였다. 한잔의 차를 마시더라도 이렇게 어떤 맛과 향으로 구성 및 표현할 수 있는지를 생각해 보는 것이 다인의 과학적인 접근 방법이다.

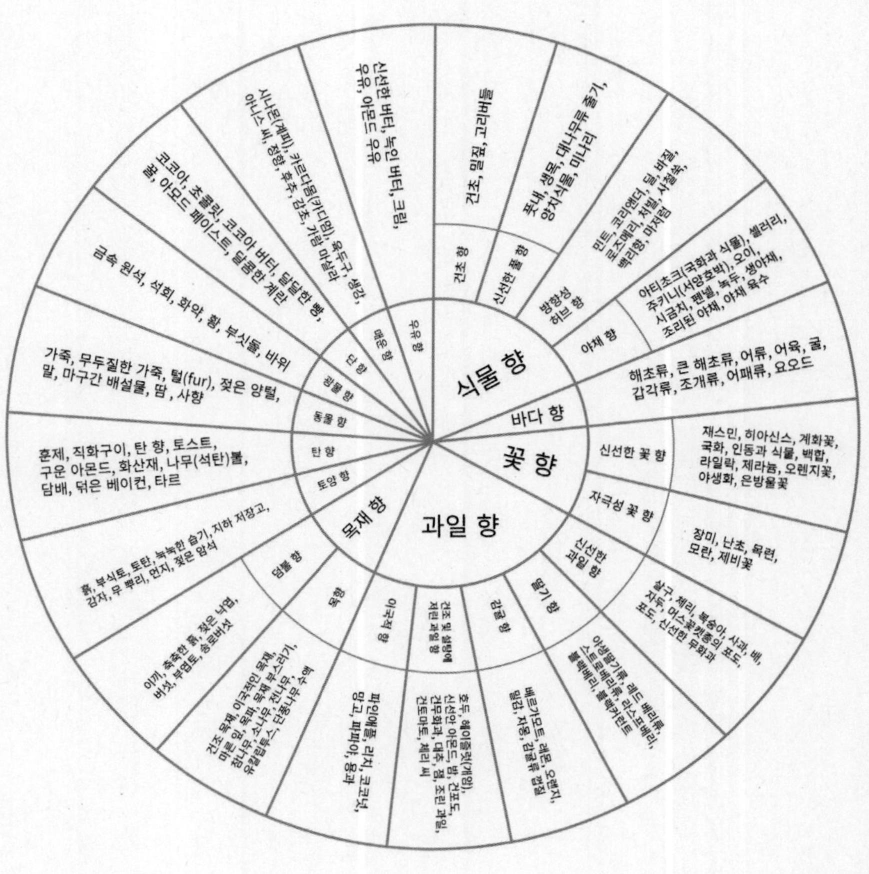

02

Aromas Flavor Wheel

제17강

차와 약성
茶 藥性

차(茶)와 약성(藥性)

녹차는 5대 약성으로 해독작용(解毒作用), 지방 분해 작용, 항산화 작용(抗酸化作用, 노화방지), 항병력 증가, 방향요법(진정작용) 등을 갖고 있다. 녹차의 성분은 맛과 향기와도 관련이 있다. '茶는 떫다', '茶는 쓰다,' '茶는 향기가 난다,' 이렇게 느끼는 경우도 있다. 다 맞는 말이다. 차(茶)는 떫다. 카데킨은 폴리페놀인데 떫은 맛을 내지만 잘 우리면 좋은 떫은 맛이 된다. 쓴 맛은 카페인과 카데킨이 낼 수 있다. 차(茶) 속의 청엽알콜과 엽록소는 향기를 낸다. 우전 녹차는 지미(旨味, 맛난 맛)와 차향(茶香) 때문이다.

"茶는 카페인이다"라는 고정관념이 있다.

차(茶)는 카페인 이외에, 폴리페놀, 데아닌, 비타민 C 등의 성분들로 구성되어 있다. 차(茶)의 주 성분은 폴리페놀(polyphenol)이며 이는 쑥, 감잎, 붉은 포도주, 커피, 차(茶)에도 들어 있다. 그러나 가장 중요한 폴리페놀 성분중의 하나인 카데킨(Catechine)을 함유한 것은 茶(녹차) 뿐이다. 카데킨은 생활습관병(비만, 당뇨병, 고혈압, 심장병 등), 암의 예방에 효과가 있기 때문에 중요하다. 커피의 카페인보다 차(녹차)의 카페인은 그 작용이 순하다(mild)고 하며, 이는 흡수속도가 느리다는 뜻도 된다. 또 다른 차(茶)성분인 아미노산의 하나인 데아닌(Theanine)은 뇌활동(기억력, 사고력)을 높여주고, 안정효과도 있다. 이외에 녹차에는 숙취 해소, 니코틴 해소에 좋은 비타민 C가 많이 들어 있다. 녹차와 말차를 비교하자면, 녹차는 35 %의 성분을 마시지만, 말차는 100 %를 먹을 수 있기에 때로는 말차를 약성을 위해서 권하기도 한다.

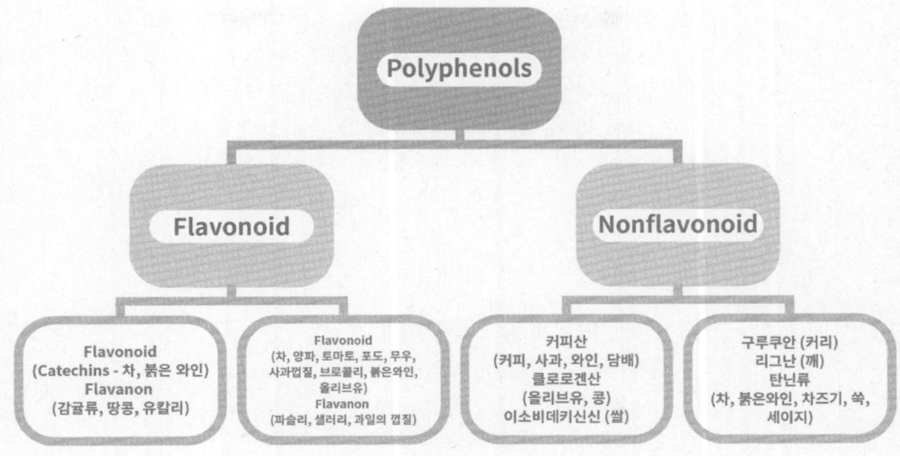

01
폴리페놀의 성분

1. 어떨 때 茶를 마셔야 하는가?

다인(茶人)들은 차의 생활화가 해독(解毒), 노화방지, 스트레스 등을 다스리는데 도움이 되므로 권장하고, 생활습관병 예방의 효능이 있다는 점도 강조하고 있다. 맛에 따라 기호음료로 마시는 것이기도 하지만, 차(茶)는 정신적, 육체적 도움을 얻기 위해서 마신다. 차(茶)를 마시면 우리 몸의 혈액순환 및 지방분해의 도움을 받게 된다. 역설적이지만 마음이 늙지 않아야 몸이 늙지 않는 법이다. 대부분 늙는 것은 혈관에서 시작된다.

생활습관병의 원인이 비만이며, 이는 운동부족과 과다 섭취에서 원인이 된다. 차(茶)는 분명 비만을 예방하는 다이어트 식품이다. 가루차(말차)는 다완에서 거품을 내는데 이 거품은 사포닌 성분이다. 차를 만들 때 원형으로 돌리면 거품이 일지 않지만, 다완의 면들을 M자로 100~500회 부딪치며 돌리면 향기 좋고, 빛깔 좋고, 맛있는 거품이 있는 가루차(말차)가 만들어진다. 인삼의 사포닌, 도라지의 사포닌, 녹차의 사포닌이 지방의 흡수를 억제하는 것이다. 차(茶)의 주성분인 탄닌(카데킨)은 지방을 분해하는 작용과 흡수를 억제하는 작용이 있다. 차(茶)는 탄닌과 사포닌의 상승작용으로 비만증 치료제라고 할 수 있다. 비만증에는 보이차 또한 우수한 효과를 낸 차이다. 비만증을 조절하는 것도 노화예방의 한 방법이다.

또한 차(茶)는 기름진 음식을 먹고 속이 거북할 때, 소화를 도와준다. 들뜨거나 흥분한 상태를 진정, 몸과 마음이 지친 사람에게는 활력을 높여주는 기능을 한다. 그리고 숙취로 괴로울 때, 해독을 시켜준다. 술을 많이 마시면, 진정상태가 마비상태로 옮겨간다. 이성을 마비시키기 때문에 자제력을 잃게 된다. 술과 차를 곁들이면 이를 조절할 수 있다. 그것이 생활의 지혜다.

2. 차(茶)는 누구에게, 왜 좋은가?

1) 어린이에게 차(茶)가 좋다.
기억력을 높인다. - 茶의 카데킨
학업력을 높인다. - 茶의 비타민

2) 여성에게 차(茶)가 좋다.
비만증을 해소한다. - 지방연소 - 茶의 카데킨, 비타민 C
피를 맑게 한다. - 어혈(瘀血)을 다스린다. - 茶의 카데킨
비타민 C

3) 숙년층(熟年層)에게 차(茶)가 좋다.
생활습관병(비만, 암, 고혈압, 당뇨병, 심장병, 동맥경화증)에 茶가 좋다. - 茶의 카데킨
면역능력을 높여준다.
차(茶)는 마크로파지(macrophage)의 기능을 높여준다.
茶는 不老草 ← 정신기능을 돕는다 ← 茶의 데아닌과 비타민 C
항산화제 ← 茶, 비타민 A, C, E, Se, 카데킨

3. 웰니스 차(Wellness Tea)로서 차(茶)는 얼마나 마셔야 하는가?

웰니스(wellness)는 정서적, 정신적, 신체적 건강과 행복한 상태를 말한다. 행다(行茶)가 넓은 뜻의 웰니스 교향곡을 연주하듯, 웰니스의 여건을 종합적으로 만드는 것이다. 차(茶)가 신체적 건강만이 아닌 정서적, 정신적 건강을 아울러야 할 것이다.

1) 당뇨병 : 마(山藥)를 상식(常食)하면서 하루 10잔의 녹차를 마셔야 한다.
2) 고혈압, 동맥경화 : 식초를 곁들인 양파를 상식하면서, 하루 5잔 이상의 녹차를 마셔야 한다.

3) 술, 담배의 해독, 비만해소, 노화방지를 위해서는 수시수작(隨時隨酌)으로 차(茶)를 마셔야 한다.

◉ 한방(韓方)에서는 기(氣), 혈(血), 수(水)를 잘 다스려야 온전한 건강상태가 된다고 한다. 반건강(半健康)상태란 검진을 받으면 이상이 없지만, 환자 자신은 이상을 호소하고 괴로워하는 잠재 환자를 말한다.

1) 기(氣)의 이상 : 기체(氣滯), 스트레스를 해소하지 못하거나, 불안, 불면, 어지러움, 상기(上氣), 지속적인 두통과 두중(頭重) 등을 호소하는 편이다.

2) 혈(血)의 이상 : 어혈(瘀血), 콜레스테롤치 및 중성지방 수치가 높다. 혈액순환이 좋지 않기 때문에 피로, 권태, 손발이 차다, 멍이 잘 든다, 생리가 고르지 않고 생리통이 심하다, 추위를 탄다, 허리가 아프다, 입술이 푸르다 등의 증상을 호소할 수 있다.
피가 탁하다 – 혈행이 나빠진다. 동맥경화, 어혈상태
피가 맑아진다 – 혈행이 좋아진다.

3) 수(水)의 이상 : 수체(水滯), 수분대사가 좋지 않다, 부기(浮氣)가 있다, 손발이 붓는다, 발이 무겁다, 허리가 아프다, 얼굴이 부어 화장이 받지 않는다, 허리가 아프다, 소화가 안 된다, 소변이 잘 나오지 않는다 등의 증상으로 힘들어 한다.

◉ 기(氣), 혈(血), 수(水)를 조화롭게 다스리는 민약(民藥)은 바로 茶다. 정신을 안정시켜주고 피를 맑게 하고, 지방을 분해하며 수분 대사를 도와 이뇨(利尿)를 용이하게 한다. 그러므로 가정의 만병 통치약은 차(茶)라고 말하고 차 마시기를 적극 권유하고 있다. 氣, 血, 水를 다스리는 음다법(飮茶法)이 웰니스 차(Wellness Tea)를 즐기는 것이라 믿는다. 다인(茶人)은 분명 웰니스 조정자(Wellness Coordinator)이다.

1) 스트레스는 기(氣)의 난조를 일으켜 기체(氣滯)가 된다.
기체(氣滯)란 목이 거북하고, 목에 걸린 듯하고, 불안하고, 머리가 아프고, 불면증, 어지러움 등의 증상을 호소할 수 있다.
기제차(氣劑茶) – 대추차, 인삼차, 생강차, 진피차(귤껍질차), 후박차, 국화차(甘菊茶), 라벤더티 (Lavender Tea), 항백국차(抗白菊茶 Chamomile Tea)

2) 어혈(瘀血)이란 한방에서 생리기능을 잃은 피, 즉 혈액 중 중성지방, 콜레스테롤치가 높거나 혈행이 좋지 않고, 동맥경화, 생리기능이 좋지 않은 상태를 말한다. 운동부족, 폭음폭식, 스트레스가 얽히면 생활습관병이 될 수 있다. 생활습관병의 원인은 어혈(瘀血)과 비만일 것이다.
혈제차(血劑茶) – 녹차, 당귀차(당귀, 천궁, 작약), 둥글레차(黃精茶),Green Rooibos Tea(아프리카 産)

3) 수체(水滯)란 몸이 무겁고 붓기(浮氣)가 있거나 소변이 고르지 못하면 수체(水滯)가 있다고 한다. 이를 다스리는 수제차(水劑茶)는 몸의 수분대사를 도와준다.
수제차(水劑茶) – 녹차, 백출차, 복령차, 보리차, 결명자차, 감잎차, 칡차, 옥수수 수염차, 목통차

◉ 살결이 거칠어지는가?

- □ 피로하다
- □ 어지럽다
- □ 머리가 아프고 무겁다
- □ 눈이 침침하다
- □ 살결이 거칠다
- □ 화장이 잘 받지 않는다
- □ 주 2회 이상 술을 마신다
- □ 과식하는 편이다
- □ 과체중이다
- □ 약간 부딪쳐도 멍이 든다
- □ 얼굴이 화끈거린다
- □ 잘 놀란다, 꿈이 많다
- □ 아랫배가 차다
- □ 입술이 튼다
- □ 변비가 있다
- □ 담배를 피운다
- □ 주기적으로 운동을 하지 않는다
- □ 스트레스 해소를 못한다

위의 18가지 항목들 중 해당사항이 절반을 넘으면 기(氣), 혈(血), 수(水)에 이상이 있다고 확신하며 다음의 치료법의 실천을 권한다.

(1) 잡곡식, 생식, 잡곡죽(필자의 처방으로 만든 본초죽)
(2) 차와 민차 (반드시 녹차를 마신다)
(3) 스트레칭, 운동

◉ 생활습관병을 다스리는 건강 10훈, 1조는 茶이다.

茶人을 위한 健康十訓 Ten Ways to Good Health

一. 소주다차(少酒多茶) Less Alcohol, More Tea
二. 소육다채(少肉多菜) Less Meat, More Vegetables
三. 소염다초(少鹽多酢) Less Salt, More Vinegar
四. 소당다과(少糖多果) Less Sugar, More Fruit
五. 소식다작(少食多嚼) Less Eating, More Chewing
六. 소언다행(少言多行) Less Words, More Action
七. 소욕다시(少慾多施) Less Greed, More Giving
八. 소우다면(少憂多眠) Less Worry, More Sleep
九. 소차다보(少車多步) Less Driving, More Walking
十. 소분다소(少憤多笑) Less Anger, More Laughter

근래 과학적으로 의약학적인 검증을 거치면서, 일본의 국제차학술회의에서 다섯가지 증상이나 질병을 예방, 치료할 수 있다고 발표했다.

(1) 인지증(認知症)을 개선한다.
(2) 당뇨병을 개선한다.
(3) 암의 예방에 도움을 준다.
(4) 동맥경화, 심장혈관경화를 다스려 준다.
(5) C형 간염에 말차와 약물투여 병행이 도움이 되었다.
(6) 비만의 경우, 체지방, 내장지방을 감소시키는 효과가 있다.

◉ 차(茶)에 관해 고의약서(古醫藥書)에서 약성(藥性)을 찾는다.
예로부터 차(茶)는 좋은 약성이 있는데 주목하였다. 아래 22가지의 효능을 보면 현대 의학과도 상관성이 높다. (中国茶疗(중국다료), 林乾良(임건량) 中国中医药 출판사)

(1) 少睡(소수) – 졸음을 줄여준다.
(2) 下氣(하기) – 상기(上氣)됨을 낮춘다.
(3) 安心(안심) – 마음을 진정시킨다.
(4) 利水(이수) – 이뇨효과가 있다.
(5) 明目(명목) – 눈을 밝게 한다.
(6) 便通(변통) – 배변을 편하게 해 준다.
(7) 淸頭目(청두목) – 머리를 맑게 한다.
(8) 治痢(치리) – 배탈을 막아 준다.
(9) 止渴生津(지갈생진) – 갈증 해소, 진액을 보충한다.
(10) 祛痰(거담) – 가래를 삭혀준다.
(11) 解熱(해열) – 열을 내린다.
(12) 祛風解表(거풍해표) – 풍사(風邪)를 막는다.
(13) 消暑(소서) – 더위 타는 것을 다스린다.
(14) 堅齒(견치) – 잇몸, 치아를 좋게 한다.
(15) 解毒(해독) – 해독작용을 한다.

(16) 治心痛(치심통) - 심장질환에 좋다.
(17) 消食(소식) - 소화를 돕는다.
(18) 療飢(요기) - 영양, 허기를 면하게 한다.
(19) 醒酒(성주) - 숙취를 풀어준다.
(20) 益氣力(익기력) - 기운이 솟게 한다.
(21) 去肥膩(거비이) - 다이어트에 좋다.
(22) 延年益壽(연년익수) - 노화를 막고 장수에 도움이 된다.

02
다양한 차의 전시

colour
your
world

제18강

현대생활과 차(茶)

현대생활과 차(茶)

현대생활은 과학과 통신의 발전으로 동적(動的)문화가 지배하고 있다. 요란한 음악, 현란한 조명, 빠른 움직임은 정서적 안정에 큰 부담을 준다. 도시의 소음, 일상의 스트레스를 다스리기 위해선 정적(靜的)문화가 필요하다. 정적문화의 대표격은 독서, 서예, 미술감상, 명상, 차생활 등이라 생각한다. 이 중에서 한잔의 차(茶)를 만들고 마심으로 인해 자신을 정신적, 육체적으로 바르고 강하게 만드는 것이 차(茶)의 힘이다. 다도를 함으로 인내심, 존경심 그리고 참선을 하는 듯한 마음의 자세를 배우게 되어서 어린아이들에게는 인성교육으로 좋고, 또한 어떠한 문제에 부딪쳤을 때 이겨낼 수 있는 지혜를 준다. 이러한 차(茶)가 한국문화와 한국인을 이해하는 첫걸음이 된다.

한국문화를 다양하게 접할 수 있는 것은 차문화라 믿는다. 차(茶)는 마시고, 먹고, 바르고, 입을 수 있는 그 용도도 넓기에 산업사회, 정보사회가 빚어낸 마이너스 산물인 환경오염에도 좋은 치료제가 될 수 있다. 예를 들면, 커피, 청량음료를 줄이고 녹차를 꾸준히 마시면, 건강에 도움이 되며, 차(茶)는 바람직한 웰니스(Wellness) 음료임은 알 수 있다. 음식으로도 만드는데 녹차가 쓰여지며, 가루녹차 화장수를 만들고 찻물로 얼굴 씻기, 찻잎을 넣은 족욕(足浴), 반신욕(半身浴), 전신욕(全身浴) 등 다양한 미용법을 활용할 수 있다. 살결에 닿는 천은 천연의 천(실크, 목면)이 좋은데 녹차, 홍차로 천연염색을 한 속옷, 스카프를 쓰면 피부질환(아토피, 알러지)에 좋고, 흰 색의 와이셔츠 브라우스, 티셔츠 등에 녹차 염색을 하면 아름다운 연한 연두빛이 된다. 이렇듯 단순히 마시는 차의 개념에서 더 발전되어 일생생활에 차가 많이 쓰여지고 있다.

차(茶)는 웰니스만이 아닌 문화(文化)이기도 하다. 차는 옛 조선의 밥상머리 교육과 같아 인내심과 수양을 실천케 한다. 차의 도구는 도자기, 목기, 다포, 놋쇠, 차상보 등 전통문화와 곁들이는 다악(茶樂)-예를 들면 거문고, 가야금, 대금의 연주, 그리고 벽에는 인생훈의 서예, 간소한 차실의 꽃(다화茶花)이, 문방사우가 어우러져 차문화가 된다. 차를 두고 하는 지음(知音)과의 사교, 담화를 다담(茶談)이라 하지 않았던가. 한국은 대륙과 해양세력으로부터 끊임없이 2000번 이상의 침략을 받았지만, 우리의 말, 글(한글), 우리의 문화(건축, 옷, 생활, 음식, 책, 음악)를 지킨 위대한 민족이다. 과거의 차(茶)는 풍류의 차였지만, 앞으로의 차(茶)는 문화, 정신, 건강, 품위, 교육 등의 차생활로 거듭났으면 하는 바램이다.

01
현대적인 세라믹 차상과 다기세트 전시

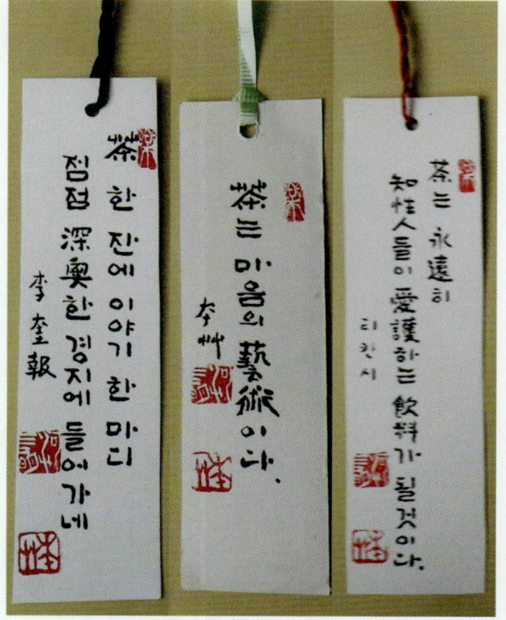

02
차인들의 독서를 권장하기 위해 만든 책갈피 속의 차사랑
(저자 제작/글, 하오명)

제19강

하오명의 다도 한글버전

1. 차의 정의

차나무는 세계 30여개 국에서 찾아볼 수 있으며, 동백나무과 종자식물로써 학명은 카멜리아 시낸시스(Camellia sinensis (L.) O. Kuntz)이다. 이 중 우리나라 차나무는 추위에 잘 견디고 수명이 긴 중국 소엽종 차나무에 속하며, 대부분이 남부지방의 온난하며 다습한 지역에서 많이 자라고 있다.

茶란 차나무의 잎을 따서 덖거나, 찌거나 그 뒤에 비비고, 말린 차나무잎을 따뜻한 물에 우려서 마시는 것으로 물 다음으로 전 세계에서 가장 많이 알려진 음료이다. 역사를 통해, 차는 약으로 사용되었음을 알 수 있으며, 이후 갈증과 피로를 푸는 음료로 발전하였다. 또한 차는 각 문화와 인종의 차이에도 불구하고 혼자서 조용히 즐기기도 하며, 여러 사람들이 모여 마음을 함께 나눌 수 있어서 자신과 그리고 사회적으로 화합할 수 있는 예(禮)와 문화의 연결체이다.

茶는 心身(심신)의 治癒劑(치유제)다.

01

차나무와 차꽃

정신적, 신체적, 정서적 건강과 인격도야와 自我完成(자아완성)을 위해 茶를 마시고 茶學(다학)을 배우고 茶道(다도)를 행한다. 음식은 살아있는 것, 생명력이 잠들어 있는 것과 화학물질화되어 생명력을 잃은 것 등 3종류로 나뉘어진다. 예를 들면, 채소, 과일, 채식, 된장, 막걸리 등은 살아있는 음식이고. 茶와 와인은 잠든 음식이며, 캔에 들었거나 인스턴트 음식들은 생명력을 잃은 음식이다.

생명력이 있는 음식과 잠든 생명력을 불러 일으킨 茶를 마시는 것은 우리 마음과 몸에 생기를 샘솟게 하므로 차 한 잔의 소중함을 알 수 있다. 이러한 차의 성격을 주요 5가지 요소로 구성된 〈차의 도(道) Tea Tao〉로 표현할 수 있다.

1) 건강 康(편할 강)
차는 몸을 보살피고 정신을 맑게 하고, 마음을 다스리는 치유의 힘을 가졌다.

2) 배움 學(배울 학)
좋은 차 한잔을 만들기 위해 다기와 차에 대한 공부, 우리는 방법, 그리고 차를 음미하는 방법, 그리고 그에 따른 예의와 마음의 공부 또한 필요로 한다.

3) 예도 禮(예도 례)
우리 생활에서의 차는 준비하는 순간부터 마실 때까지 예의를 가지고 마음과 정성을 함께 넣음으로 다례를 배우게 된다.

4) 예술 藝(재주 예)
역사와 문화를 통해 여러 종류의 음악, 미술, 문학속에서 차와의 관계를 찾을 수 있으며, 현대는 차 한 잔과 함께 그 예술이 함께 어우러지는 새로운 예술의 형태로 발전되고 있다. 예의로써 차를 대접하고 마시는 그 자체가 생활과 예술이 종합된 차예술이다.

5) 지혜 慧(지혜 혜)
차를 준비하는 그 자체가 지혜이고 명상이다. 단지 음료로 마시는 차가 아닌 차를 음미하고, 준비하고, 다도의 절차를 따름으로 마음의 수련을 하게 되는 수련의 한 방법이다. 이를 통해서 생활의 지혜를 배울 수 있다.

2. 차의 역사
우리는 언제부터 茶를 마셨을까?
차의 역사가 가장 오래된 중국의 차는 당나라 육우(陸羽)가 쓴 다경(茶經) 을 통해서 BC 2700년경부터 차를 마셨음을 알 수 있으며, 이에 비해 일본은 훨씬 더 늦은 805년경 당나라로 부터 차나무 씨앗을 가져와 심었다는 기록이 있다.

일반적으로 한국차는 가야차와 백산차를 포함해 2000년 역사라 부르고 있다. 우리나라의 茶는 사국시대(四國時代-고구려, 백제, 신라, 가야)에 불교와 더불어, 인도, 혹은 중국 지역에서 차 마시는 풍습이 들어왔다고들 하며, 제사에 차가 많이 사용되어졌음을 볼 수 있다. 그 예로, 가야 때 차가 제사에 쓰여졌던 기록이 삼국유사에 적혀 있으며, 백두산에 야생하는 진달래과 식물로써 잎과 꽃으로 만든 고구려의 백산차(白山茶)를 우려 제사를 올릴 때 사용하였으며, 현존하는 고구려의 화덕들에서 찻물을 끓였던 흔적 또한 볼 수 있다.

백제의 우물인 선암사의 물확을 통해서 백제인들이 차를 얼마나 소중히 했는가를 물을 사용하는 순서에서 알 수 있다. 이 우물에서의 물은 4단계로 사용이 되었는데, 첫째는 부처님을 공양하기 위한 차를 만드는 물로 사용되고, 둘째는 절의 스님들의 밥을 만드는 물로 사용되고,셋째는 야채 및 과일을 씻는 물로 사용되며, 마지막 네번째 물은 설거지용 물로 사용되었다.

야외 차회를 할 수 있는 다구(茶具)인 물확과 화덕이 함께 지어진 신라의 석지조(石池竈)로 잎차 대신 덩이차를 끓였던 화랑의 차 유적들을 찾아볼 수 있다. 이외에도 서기48년 인도 아유타국의 허황옥과 장유화상이 가져온 차나무 씨앗은 현재, 김해의 장군차(녹차)로 거듭나고 있다.

03

백제시대 선암사 우물(왼쪽), 신라시대 석지도(오른쪽)

04

신라시대 화랑의 야외에서의 차 만들기

이렇게 한국의 차는 2000년의 긴 역사를 통해, 중국과 인도에서 전해졌으며 그 후 한국의 토양에 맞는 새로운 한국차로 재배되어졌으며, 종교와 생활풍습이 분리되지 못하는 일상생활의 한 부분으로 자리를 잡았다. 한가지 재미있는 사실은 신라 때 왕자인 김교각 스님((金喬覺 서기 696-794) 은 우리의 차 씨앗을 중국 당나라 구화산으로 가지고 가 신라의 차로 재배하여 〈금지차(金地茶)〉로 이름하여 지금도 많은 사랑을 받고 있다.

이후 불교문화가 발전했던 고려에는 차생활이 많이 발전되었고, 억불정책으로 유교가 중심으로 된 조선시대에 와서 차문화가 많이 쇠퇴해졌으나 초의선사의 〈다신전(茶神傳)〉과 〈동다송(東茶頌)〉의 저술로 새로이 차가 소개되어 현재에 이르기까지 꾸준히 보급되고 있다.

3. 한.중.일 차문화의 비교
한.중.일의 차의 역사는 차이가 크다. 중국은 5000년전으로 거슬러가 차의 역사가 가장 길며 약초와 농업의 황제인 신농씨에서 시작되었으며, 한국은 금관가야시대 허황후(AD 48년)때 인도 아율타국에서 차 씨앗을 가져와서 2000년의 차 역사를 가졌다. 이에 비해 일본은 800년이란 가장 짧은 역사를 가졌는데 榮西(에이사이)선사가 중국 송나라에서 차씨앗을 가져다 심은 것이 시작으로 기록되어 있다.

한국, 중국, 일본에서 자라는 차나무는 그 나라의 토양과 물, 기후에 따라서 달리 자라기 때문에 그리고 차를 만드는 방법의 차이에 따라 각 차 맛이 다르다. 그 예로, 중국을 대표하는 茶로는 용정차(납작하게 눌린 녹차, 덖음차)를, 일본을 대표하는 茶로는 말차(茶道를 위한 가루차, 찐차, 20일 동안 그늘에서 키운 차), 그리고 한국을 대표하는 茶 - 작설차(4월에 딴 두물차, 세작(細雀), 덖음차)를 들 수가 있다. 한국과 중국은 덖음차(釜炒茶 부초차)가 주류를 이루고 있고, 그 맛이 구수하다. 이에 반해 일본의 녹차는 쪄서 만든 차로 색깔이 진하며 맛 또한 풋내가 나며 빨리 우러나 더 진하다.

◉ 물이 차맛을 좌우한다. 한국의 쌍계사에서 나오는 물로 자란 차가 제일 좋아 쌍계차 또한 유명하다.

◉ 흙이 차맛을 좌우한다. 맥반석 성분이 섞여있는 토양에서 자란 한국의 차는 중국과 일본에 비해서 은은하면서도 구수한 맛을 낸다.

◉ 茶의 맛은 茶器(다기)가 좌우한다.
중국의 茶器는 紫沙壺(자사호), 蓋碗(개완), 통찻잔 등 茶에 따라 陶器(도기)류를 다양하게 쓴다. 일본은 磁器(자기)보다 陶器(도기)

에 가까운 赤(붉은), 褐(갈색) 다관과 蓋碗(개완) 등을 활용한다. 그러나 한국에선 녹차를 우릴 때 반드시 白磁(백자) 茶器(다기), 茶碗(다완)을 쓴다. 녹차를 우릴 때 백자 다관(3人 다관 150~170 ㎖ 정도)을 써서 차 우리기 하는 가장 기본을 지키고 있고, 찻잔 크기 또한 적절하다. 뜨거운 물을 바로 사용하는 중국 찻잔은 아주 작고, 일본 찻잔은 그 중에서 제일 크고, 한국은 75 ㎖의 찻물을 담을 수 있는 중간 크기이다.

이외에 차문화의 정신과 차를 감상하는 방법이 다르다.
◉ 韓中日의 다도, 차문화의 정신을 살펴보면 茶禪一味(다선일미)라는 불교 정신이 녹아 있는 것은 三國 모두 공통점이다. 중국은 좋은 차와 다기를 사용하여 극진히 대접하며 좋은 인간관계를 유지하는 것을 중요시 하는 반면, 일본은 다실의 소박하고 고요한 분위기 안에서 인간관계를 중요시했다. 한편 한국은 어디 형식에 너무 치우치지 않는 자연스러움을 통해서 인간관계를 유지하는 차문화를 가졌다.

◉ 차를 감상하는 법 또한 3개국에서 다르다. 色香味(색.향.미)로 감상하는데, 중국차는 香을 중시하며 마시고 다구안에서도 향만을 감상하기 위한 작은 다구가 따로 있다. 청차인 우롱차의 향긋한 맛은 그 예로 들 수 있다. 일본차는 차의 우러난 빛깔을 감상하며 마실 수 있고 전차의 아주 진한 연두색이 마치 숲을 바라보는 듯한 느낌을 준다. 이에 비해 한국차는 맛을 중요시하여 구수하면서도 은은한 향을 즐길 수 있는 수수한 감상법을 사용한다.

◉ 차문화를 표현하는 용어가 다르다.
茶道 다도 / 茶藝 다예 / 茶禮 다례의 표현들을 3국에서 사용하는데, 행다(行茶- 다도에서 차 우리는 것)를 중국에서는 茶藝(茶館 다관 - 차 파는 찻집. 예술공연과 약간의 음식, 행다가 藝技에 가깝다)와 가정에서의 생활차가 있고, 일본에서는 예절교육, 정신교육, 신부수업 등 생활교육의 하나로 茶道(다도)가 있으며, 마지막으로 한국에서는 茶禮(다례)라 하여 인성교육으로 〈참을성 기르기, 상대를 공경하기〉등으로 茶會(차회)나 주로 가정에서 활용하고 있다.

4. 차의 종류와 성분

1) 차의 종류

일반적으로 차는 차(茶-녹차, 홍차, 청차, 말차 등)와 민차(民茶-건강차, 약초차, 약차, 꽃과 과일차 등)의 두가지 종류로 구별할 수 있다. 또한 차는 제조방법, 형태, 그리고 차나무 잎을 따는 시기에 따라 그 종류가 더 세분되어 구분된다.

(1) 제조 방법에 따른 분류

① 덖음차 : 차 잎을 뜨거운 가마솥에 넣어 덖고, 멍석 위에서 식힌 뒤, 손으로 비비는 과정을 3~5번 반복하여 수분을 없애는 방법으로 우리나라의 수제(水製)녹차가 대부분 이 방법으로 제조된다.

② 찐차 : 차 잎을 시루에 쪄서 수분을 없애는 방법으로 일본에서 주로 사용되고 있는 제조 방법이며 일본의 전차(煎茶)가 그 예이다.

③ 반 발효차 : 차 잎을 완전히 띄우지 않고 약 30~75 % 정도 발효시켜 만든 차로 중국에서 많이 제조되는 방법으로 중국의 오룡차, 암차(岩茶)가 그 예들 이다.

④ 발효차 : 차 잎을 발효시켜 만든 차로 서양의 홍차가 그 주류를 이룬다.

(2) 형태적 분류

① 잎차 (산차(散茶), 녹차, 작설차, 죽로차), 고뿔차, 황금차
② 덩이차 (돈차(錢茶), 청태전(靑苔錢))
③ 가루차 (抹茶, 다도용, 음식용)

(3) 채다하는 시기에 의한 분류

① 작설(雀舌) 혹은 우전(雨前): 곡우(양력 4월 20일) 5일 전에 잎(일창이기, 움과 새싹 두잎)을 딴 것으로 봄에 따는 첫잎으로 만든 차이다.

② 세작(細雀): 곡우 또는 입하(立夏) (양력으로 4월 말에서 5월 5일)까지 딴 참새 혀같이 여린 잎의 차다.

③ 중작(中雀): 입하(立夏5월5일)에서 5월 중순까지 딴, 맛이 짙은 대중적인 차이다.

④ 대작(大雀): 큰 잎 녹차, 5월 말~6월 초에 딴 큰 잎차로 마지막 잎으로 만든 차이다.

05

보성 차밭

06

야생 차 나무

2) 茶의 성분

맛과 향이 진한 커피와 차를 비교하면, 커피는 동적(動的)음료이며 차는 정적(靜的)인 음료이다. 커피는 피로회복을 도와주고, 흥분시키는 아프리카의 전쟁음료였다면 동양의 차는 평화음료였다. 이렇게 차는 정적이고, 커피는 동적인 성격의 차이가 있지만 둘 다 카페인성분이 들어 있음은 공통점이다. 하지만 다른 성격의 카페인의 함유량과 체내에서의 작용방법 또한 다르게 나타난다.

차의 주성분은 폴리페놀(polyphenols)이고, 폴리페놀은 카데킨(Catechins)으로 구성되어 있다. 차의 제 1성분은 카페인(Caffeine)이 아니라, 카데킨(Catechin)과 데아닌이다. 차 속의 카페인은 화학적 카페인, 커피에 있는 분리형 카페인이 아닌 길항하거나 결합형(데아닌과 카데킨)으로 부드럽고, 흡수가 느려, 작용이 예민하지 않으며, 체내에 오래 남아있지 않고 배출된다. 우린 찻물을 식히면 데아닌과 향이 먼저 우러나고(50 ℃), 재탕(50~60 ℃)에서 카페인의 약간 쓴 맛이 녹아나고, 삼탕(70 ℃)에서 카데킨이 우러나 약간 떫은 맛의 찻물을 즐기게 된다.

카테킨은 생활습관병을 다스려준다. 생활습관병이란 잘못된 생활로 인해 생긴 병으로, 심장병, 고혈압, 동맥경화, 당뇨병, 어혈(피가 맑지 않은 것), 비만, 암 등을 말한다. 핵심적인 요인은 피가 탁해지는 것, 체중이 느는 것, 항병력이 떨어지는 것이다. 이는 노화(老化)를 재촉하게 된다. 이를 해소하는 것이 茶 속의 카테킨과 비타민이다. 카테킨의 지방분해, 비만해소, 해독기능 때문에 의약학자들은 신체적 혜택이 있다고 한다.

5. 차 만드는 법과 고르기

한국의 차는 양력 4월 20일경 부터 찻잎을 따기 시작하여 늦게는 5월말에서 6월초까지 4번에 거쳐서 찻잎을 딴다. 차를 만드는 것은 크게 두 가지로 덖음차와 찐차로 나눈다.

1) 수제차 만들기

(1) 날씨가 맑은 날 아침부터 오전까지 찻잎(一槍二旗-한 움과 두 어린 잎)을 딴다.

(2) 찻잎을 딴 12시간 내에 300 ℃로 달궈진 무쇠 솥에서 찻잎을 눌러가며 뒤집고 덖는다. 오전에 딴 찻잎을 오후에 덖어야 하고, 오후에 딴 찻잎은 그날 밤에 반드시 덖어야 한다.
(3) 덖어진 찻잎을 멍석 위에서 식힌다.
(4) 비비기를 한다. 그 과정에서 덩어리가 된 것을 풀어준다.
(5) 2~4의 과정을 3회 정도 반복한다.
(6) 70 ℃ 정도의 솥에서 맛내기와 향내기를 한다.
(7) 위의 모든 공정들은 찻잎을 딴 24시간 내에 마쳐야 하며, 황토방에서 차를 건조한다.

07
차 말리기

08
차 덖는 화덕

2) 녹차 고르기

한국의 녹차 주산지는 보성, 지리산 주변(하동, 산청, 구례), 제주도 등 전남, 경남, 제주 등 여러 곳에 있다. 차나무를 중심으로 보면 오랜 전통의 야생차 밭으로는 쌍계사 주변, 다솔사 주변, 선암사 주변 등이 있다. 차는 따뜻이 우려 그 향기, 빛깔, 맛을 보고 선택해야 한다. 향기는 차 마신 뒤 숨을 내쉴 때 코로 맡는다. 우린 다관에서 향도 맡고 펴진 찻잎도 살펴본다. 찻잎을 손으로 만져 볼 때 까칠하게 잘 말라 있고 윤기가 나야 좋은 차다. 또 말린 찻잎은 가늘수록 좋다.

6. 다구의 종류

다구는 다관, 차호, 숙우, 퇴수기, 찻잔, 차탁, 차시, 다건, 차상, 그리고 다반으로 구성이 된다.

09
다구 준비

1) 다관(茶罐)
찻주전자를 말하며 잎차를 넣어 차를 우려내는 다기(茶器) 이다.

2) 차호(茶壺)
차를 보관하기 위한 뚜껑을 갖춘 작은 항아리를 가리킨다.

3) 숙우(熟盂)
차를 우리기 위해 마련된 뜨거운 물을 식히는 물식힘 귓대사발이다.

4) 퇴수기(退水器)
찻잔의 예열을 위해서, 차를 씻어낼 때, 그리고 남은 찻물을 버릴 때 사용되는 좀 큰 그릇이다.

5) 찻잔(茶盞)
차를 마시는 잔이다.

6) 차탁(茶托)
찻잔 받침을 말하며, 다관, 숙우, 찻잔은 도자기가 대부분이지만, 찻잔 받침은 소리가 나지 않는 나무로 된 제품이 좋다.

7) 차시(茶匙)
차를 덜어낼 때 사용하는 대나무로 만든 숟가락이다.

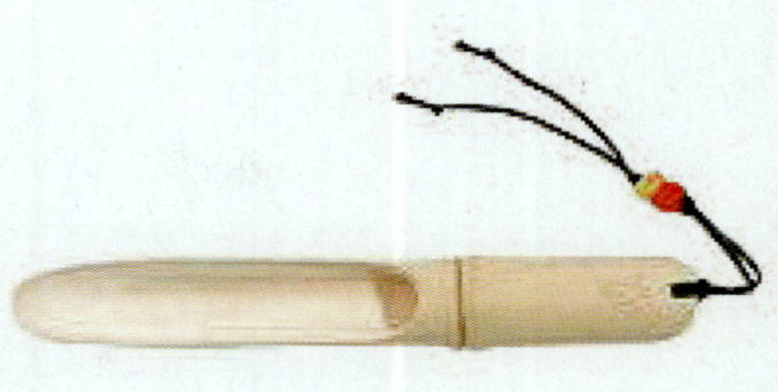

8) 다건(茶巾)
차 우리는 과정에서 생기는 물기를 닦기 위한 작은 수건을 말한다.

9) 차상(茶床)
다구들을 올려놓는 상으로 나무로 된 제품이다.

10) 다반(茶盤)
우려낸 차를 손님에게 나르기 위한 소반이다.

◉ 다기종류

1) 1인기

2) 3인기

3) 5인기

근대적 다관의 역사가 중국 명나라 때부터이므로 약 500년의 내력이 있다. 한국문화에서 홀수의 사용을 여러곳에서 볼 수 있는데, 다기에도 1인기부터 3인기, 5인기로 차 마시는 사람의 숫자에 따라 선택을 하게 된다. 1인기는 혼자서 마시기 위한 다구로 여행을 다니면서 간편하게 사용할 수 있는 장점이 있다. 3인기 혹은 5인기의 선택에 따라 찻잔의 크기는 같으나, 다관의 크기가 달라 진다. 새로 장만한 다기는 비누나 세제를 써서 씻지 않고, 물에 넣고 오랫동안 끓여서 불순물들을 없애도록 하는 것이 좋다. 다기는 사용후 음식그릇 등 다른 그릇들과 섞어서 씻거나 보관하지 말고, 특별한 주의를 가지고 조심스럽게 따로 씻어서 물기가 완전히 없도록 말리며, 다관 뚜껑은 열어서 말리고, 다음 사용에 편하도록 잘 보관해야 된다.

7. 차 우리는 법

차는 짠 맛, 단 맛, 쓴 맛, 떫은 맛, 매운 맛 등을 포함하여 5가지 혹은 6가지의 맛으로 구성되어 있다.

(1) 차의 맛은 어떤 물을 쓰느냐에 따라서 맛이 달라질 수 있으므로 생수(生水)나 자연수를 섭씨 100도까지 충분히 끓인다. 생수가 없으면, 특수한 흙으로 빚은 기능성 단지 속에서 하룻밤 수돗물을 가라앉혀 쓰며, 물이 끓을 때 탕관의 뚜껑을 열고 2~3분 더 끓인다.

(2) 끓인 물로, 다관(茶罐)과 찻잔을 예온(豫溫-따뜻이 덥힌다)한다. 한편 끓인 숙우(熟盂-식힘 사발)에도 물을 섭씨 70~80 ℃로 식힌다.

(3) 상투법, 중투법, 하투법이 계절과 관계 있지만, 하투법대로 덥혀진 다관에 찻잎 6 g(3인분)에 식힌 물(70 ℃ 정도)을 250 ㎖ 정도 붓고 1분이 지나면, 찻잔에 순서대로 따른다.

(4) 식혀둔 물을 다관에 붓는다. 여름에는 물을 먼저 붓고 차를 넣으며, 겨울에는 차를 먼저 넣고 물을 붓는다.

(5) 녹차를 우릴 때는 숙우(식힘사발)에 손을 대어보고 다관에 차와 물을 부어 2분간 우려낸다. 시계를 보지않고 손으로, 그리고 감으로 차가 준비되어졌음을 아는 동양의 차철학이 서양의 홍차를 만들 때 모래시계를 사용해 3분을 기다리는 것과 다르다. 커피나 홍차잔은 손잡이가 있고, 녹차의 잔은 손잡이가 없음에서 서양과 동양차의 온도차이와 찻잔을 한 손이 아닌 두 손을 받쳐드는 등 다기의 모양 결정에 영향을 미치지 않았나 본다.

(6) 두번째 차를 우릴 때의 물은 찻잎이 이미 부드러워졌기 때문에 처음보다는 조금 더 뜨거운 물을 짧은 시간에 우려내는 방법을 사용한다.

(7) 차는 최소한 3번까지 우려내는 것이 기본이다.

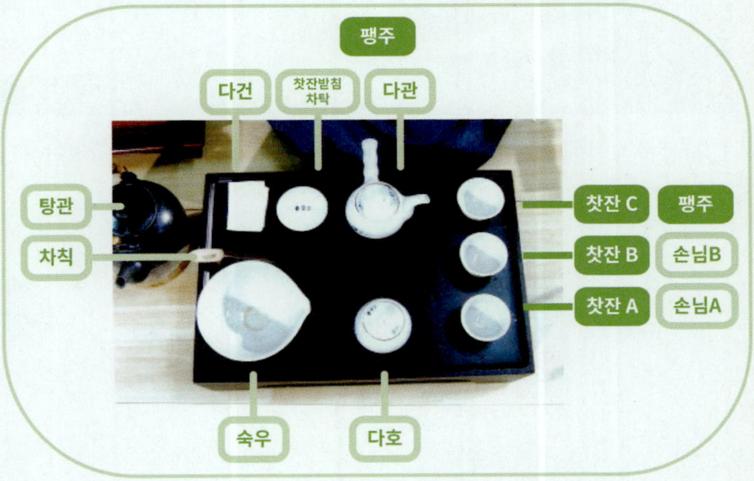

◉ 차 만드는 순서를 그림으로 살펴보자.

본 그림의 차(茶) 우리기는 3~5인을 기준으로 했다. 혼자서 마시는 차(茶) 우리기는 그 과정을 조금 더 간소하게 단축한다.

1. 찻상을 보자기로 덮어서 보관한다.

2. 보자기를 걷어 접어서 둔다.

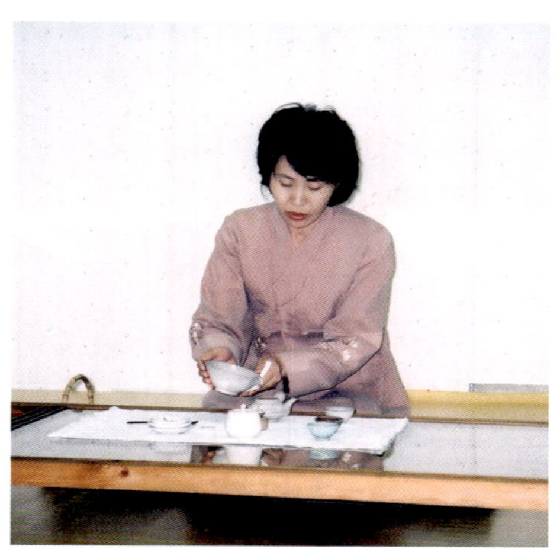

3. 뜨거운 물로 다구를 예열한다.

4. 차를 다관에 넣는다.

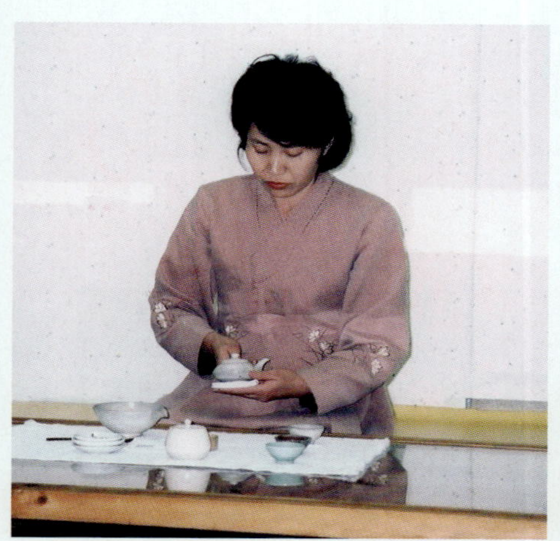

5. 차 우려내기

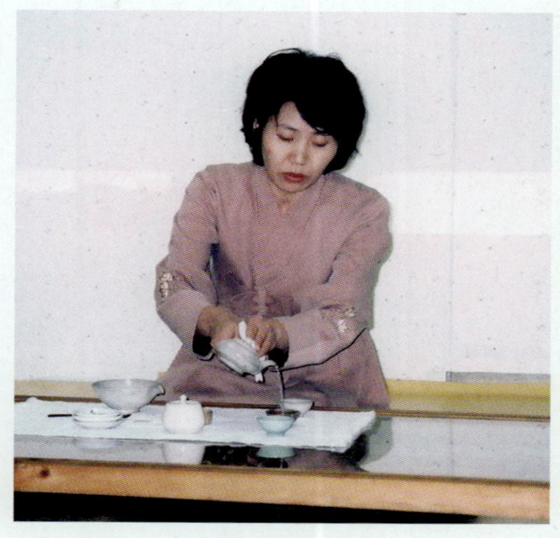

6. 우린 차를 찻잔에 따른다.

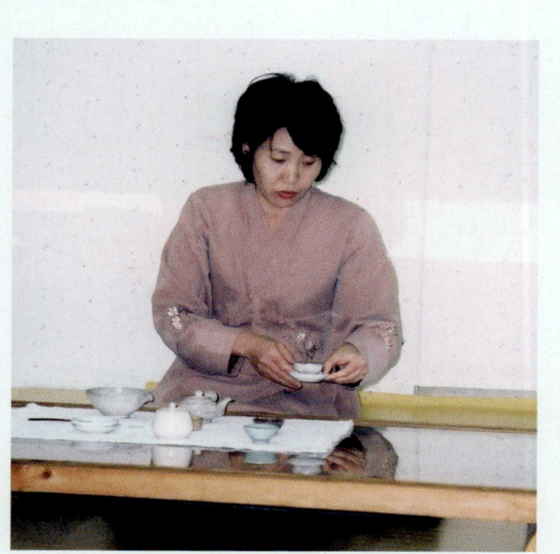

7. 찻잔 받침에 담아 손님에게 대접한다.

다식(茶食)은 차맛을 도와준다.

한국의 전통과자인 다식은 옛날 찻잎을 보관하기 어려웠을 때 돈차, 덩이차를 만들던 습관에서 비롯되었다. 찻잎을 쪄서, 절구에서 찧은 뒤, 다식판에서 알맹이차를 만들어서 쓰니 운반과 보관이 편리했던 것이다. 그 뒤, 잎차중심(煎茶전차)의 차 우리기가 주류를 이루면서 다식판(茶食板)으로만 쓰게 된 것이다. 다식은 공복감을 줄여주고, 차맛을 돋구워주며, 다식 자체의 색깔과 모양의 아름다움에서 미적인 만족감을 제공한다.

11
다식

8. 차예절

우리의 차 예절은 차를 내는 법과 차를 마시는 법으로 구분된다. 차는 차를 우리는 사람(팽주)이 중심이다. 녹차는 차탁에 받쳐 찻잔을 내어 놓는다. 둘째잔은 빈잔에 채워준다. 그때 받는 사람이 술잔처럼 받쳐들면 안된다. 그냥 빈잔을 놓아두면 찻물을 채워준다. 셋째잔부터는 숙우(식힘사발)에 따라 내놓으면 스스로 채워서 마신다. 대부분의 한국문화에서 완전히 짜이지 않은 숫자인 홀수를 많이 사용하듯이 차예절에서도 잔의 숫자에서 부터 차를 우리는 횟수에까지 모두가 홀수인 3 혹은 5를 사용한다.

1) 차 내는 법

(1) 팽주 오른쪽에 그날의 중요 손님을 앉히게 한다.

(2) 앉은 자리에서 목례로 인사를 한다.

(3) 팽주가 차상 위에 있는 상보를 걷는다.

(4) 차상보를 두 손으로 내려 오른쪽 상 밑에 놓는다.

(5) 숙우를 바로 놓고, 찻잔을 1, 2, 3, 4, 5 순으로 놓는다.

(6) 예열한 물을 숙우에 따르고 다관 뚜껑을 열어 다관에 숙우의 물을 따른다.

(7) 다관 뚜껑을 닫고 찻잔에 예열한 물을 1, 2, 3, 4, 5 순으로 따른다.

(8) 숙우에 차 우릴 물을 따라 놓는다.

(9) 중요 손님 (1)잔 부터 가져다가 2-3번 돌려 퇴수기에 따르고, 잔을 제자리에 놓는다.

(10) 다건을 놓고 다관 뚜껑을 연 후 차호를 가져다가 뚜껑을 열어 제자리에 놓고 차시를 가져온다.

(11) 차호를 다관 가까이 대고 차시로 들어서 차를 넣는다.

(12) 차시를 제자리에 놓고, 차호 뚜껑을 가져다가 덮어서 제자리에 놓는다.

(13) 다건을 들고 숙우의 물을 다관에 따른다.

(14) 다관 뚜껑을 닫고 차가 우러나는 동안 잠시 1분 정도 기다린다. 이때 덕담의 시간을 가진다.

(15) 다관을 2~3번 돌려 차를 고루 섞어 차가 잘 우러나게 한다.

(16) 다관을 바르게 들고 잠시 멈추어 차 찌꺼기를 가라앉도록 한다.

(17) 다관의 차를 팽주의 잔(5번)부터 두 번에 나누어 따른다.

(18) 차탁을 왼손 위에 놓고, 그 위에 찻잔을 올려서 든다. 이때 팽주잔 5번을 먼저 내려놓고, 손님 1, 2, 3, 4 순으로 드린다.

(19) 팽주가 한 모금 음미한 후 손님께 인사하며 권한다.

(20) 손님 또한 팽주가 차를 만든 정성과 마음에 감사의 표현을 예로써 한다.

(21) 팽주는 재탕 물을 숙우에 따라 놓는다.

(22) 차는 3탕(湯) 정도 나누어 마신다.

2) 차 마시는 법

(1) 차는 3번에 나누어서 마신다.
(2) 오른손으로 잔을 들고 왼손으로 잔 밑을 받친다.
(3) 한국의 식사예절 처럼 고개를 숙이지 말고 찻잔을 입가로 가지고 가는데, 우선 찻잔을 가슴 높이로 들고 색깔을 감상한다.
(4) 찻잔이 입 가까이에 갔을 때 차향을 맡는다.
(5) 차를 그냥 마시지 말고, 한 모금 입안에 머금고 맛을 음미한다.
(6) 차를 마시고 팽주와 함께 한 손님들과 덕담을 나누며 마지막 잔을 마신 뒤, 팽주에게 차의 감상과 다시 감사의 표현을 예로써 한다.

3) 한 잔의 차를 즐기는 법

차는 짠 맛, 단 맛, 쓴 맛, 떫은 맛, 매운 맛 등을 포함하여 5가지 혹은 6가지의 맛으로 구성되어 있다.

(1) 차의 색을 보면서 즐긴다.
(2) 차의 향을 맡으며 즐긴다.
(3) 와인을 음미할 때처럼 차도 그냥 마시기보다 혀에서 맛을 보며 즐긴다. 차가 혀에서, 목구멍으로 넘어갈 때 맛을 즐기며, 마지막으로 입안에 남은 맛을 즐기는 것이 차를 잘 즐기는 법이다.

9. 현대생활과 차

현대생활은 동적(動的)문화가 지배하고 있다. 요란한 음악, 현란한 조명, 빠른 움직임은 정서적 안정에 큰 부담을 준다. 도시의 소음, 일상의 스트레스를 다스리기 위해선 정적(靜的)문화가 필요하다. 정적문화의 대표격은 독서, 서예, 미술감상, 명상, 차생활 등이라 생각한다. 이 중에서 한잔의 차를 만들고 마심으로 인해 자신을 다시 바르고 정신적으로 육체적으로 강하게 만드는 것이 차의 힘이다. 다도를 함으로 인내심, 존경심 그리고 참선을 하는 듯한 마음의 자세를 배우게 되어서 어린 아이들에게는 인성교육으로 좋고, 또한 어떠한 문제에 부딪쳤을 때 이겨 낼 수 있는 지혜를 준다. 이러한 차가 한국문화와 한국인을 이해하는 첫 걸음이 된다.

한국문화를 다양하게 접할 수 있는 것은 차문화라 믿는다. 茶(차)는 마시고, 먹고, 바르고, 입는다. 茶는 마시고, 먹고, 바르고, 입을 수 있는 그 용도도 넓기에 산업사회, 정보사회가 빚어 낸 마이너스 산물인 환경오염에도 좋은 치료제가 될 수 있다. 예를 들면, 커피, 청량음료를 줄이고 녹차를 꾸준히 마시면, 바람직한 웰니스(Wellness)음료임은 누구나 알고 있다. 음식으로도 만드는데 녹차가 쓰여지며, 가루녹차 화장수를 만들고 찻물로 얼굴 씻기, 찻잎을 넣은 족욕(足浴), 반신욕(半身浴), 전신욕 등 다양한 미용법을 활용할 수 있다. 살결에 닿는 천은 천연의 천(실크, 목면)이 좋은데 녹차, 홍차로 천연염색을 한 속옷, 스카프로 쓰면 피부질환(아토피, 알러지)에 좋고, 흰 색의 와이셔츠 브라우스, 티셔츠 등에 녹차 염색을 하면 연한 연두빛이 아름답다. 이렇듯 단순히 마시는 차의 개념에서 더 발전되어 일생생활에 차가 많이 쓰여지고 있다.

차는 웰니스만이 아닌 문화이기도 하다. 차는 옛 조선의 밥상머리 교육과 같아 인내심과 수양을 실천케 한다. 차의 도구는 도자기, 목기, 다포, 놋쇠, 차상보 등 전통문화와 곁들이는 다악(茶樂)-예를 들면 거문고, 가야금, 대금의 연주, 그리고 벽에는 인생훈의 서예, 간소한 차꽃(다연화 茶蓮花), 문방사우가 어우러져 차문화가 된다. 차를 두고 하는 지음(知音)과의 사교, 담화를 다담(茶談)이라 하지 않았던가. 한국은 대륙과 해양세력으로부터 끊임없이 2000번 이상의 침략을 받았지만, 우리의 말, 글(한글), 우리의 문화(건축, 옷, 생활, 음식, 책, 음악)를 지킨 위대한 민족이다. 과거의 차는 풍류의 차였지만, 앞으로의 茶(차)는 문화, 정신, 건강, 품위, 교육 등의 차생활로 거듭났으면 하는 바램이다.

제20강

하오명의 다도 영어버전

Dado, Korean Tea Ceremony

1. The Meaning of Cha

Cha means Tea in Korea. Tea is a drink made by brewing the roasted or steamed leaves of the tea tree in a pot of hot water. The tea tree can be found growing as tall forest trees or small shrubs in tropical and subtropical climates in over thirty countries around the world. Originating in China, Korean tea trees live long and can withstand cold weather. Yet they mostly grow in southern Korea, where the weather is warm and humid. Tea is the second most popular drink in the world after water. At first, tea was used medicinally. Later on it was used as a drink to help ease thirst and reduce stress or anxiety. More recently, it has become an alternative beverage to coffee and cocoa.

01

Tea tree and flowers

People drink tea for health, to meditate, and to master the arts of it. Tea has the power to ease ones physical, mental, and emotional pain, to calm and soothe away worries. Tea can be served in social settings, or enjoyed on one's own for its taste and calming influence. The act of making tea teaches thoughtfulness and care. Offering tea requires and teaches proper etiquette and respect for others. The process of brewing tea is an art form. The patience involved for tea making requires a subtle appreciation. Appreciating tea can extend beyond the tea itself into other arts like music, poetry, painting, and more.

Dado is cha ceremony that ultimately aims to achieve a balance of personality. It is not just an act of drinking cha, but knowing about the kinds of teas, smells, how to keep it, how to make it, and how to drink it. Dado is a meditation that clears the mind and allows it to develop wisdom. By learning the sprit of dado, one can accomplismental or emotional stability. Having tea can help give one natural energy that is not only good for the body, but also the soul and spirit. The physical and spiritual benefits of tea are described by the Golden Pentagon of Tea, that is, the Way of Dado.

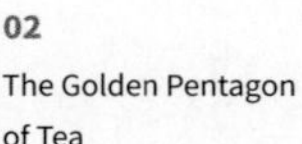

02
The Golden Pentagon of Tea

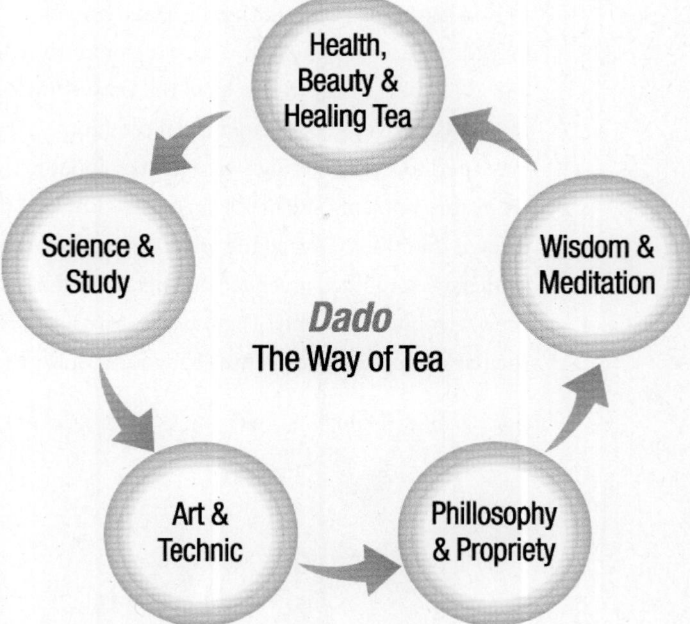

2. The History of Cha

1) The Early Stage

Although tea in Korea has a 2,000-year-long history, it originated in India and China. Once introduced, tea acquired its own scent and taste from the local soil, water and sunlight. At first, it was used only in temple memorial ceremonies, but drinking tea eventually spread and became a popular part of Korean life. China's history of tea dates back to 2700 B.C.E. The oldest written record, the "Ch'a Ching" known as The Classic of Tea by Lu Yu, in the Tang Dynasty (618–907 C.E.) detailed the Chinese culture of making and drinking tea. China's version of tea cultivation and drinking was introduced to Korea at some point during the Three Kingdoms Period (the Gorguryo, Backjae, and Silla eras, which ran from 37 B.C.E. to 688 C.E.). This included teas from the Gaya Kingdom. Tea was served as offerings during memorial ceremonies. During the Gaya period, such offerings were written about in the Samgukyusa (A history book of the Three Kingdoms). Brewing tea outdoors has its own traditions. During the Silla Dynasty, hwarang, a young noble soldier, used molded green tea powder instead of loose leaves to brew tea outdoors events. The use of a stove and well dated back to the Baekjae period of the Three Kingdoms of Korea.

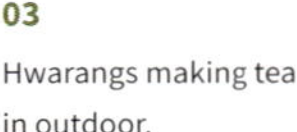

03
Hwarangs making tea in outdoor.

04
Stonewell (Sukjijo)
from Silla Dynasty

Hur Hwangok was originally a princess of Ayuta but became the Queen of King Suro during the Gaya period. She brought tea tree seeds from Ayuta, India, in 48 C.E. Those seeds were the ancestors of the General Tea (a kind of green tea) of Gimhae, Korea where the Gaya kingdom was located. The tea is still grown today. One exception found in the flow of the tea history is Monk Kyogak, a prince of the Silla Dynasty. He brought Korean tea tree seeds to the Kuwha Mountain in China during the Tang Dynasty. That tea, now called geumjicha, is still loved by many people. For several hundred years, an elaborate culture based on tea flourished in Korea.

05
Well in Sunam temple from Baekjae Dynasty

2) The Middle Stage

The popularity of tea peaked during the Goryeo Dynasty (918–1392). During this period tea was most often used in Buddhist ceremonies, as an offering to one's ancestors, and during services performed by kings. Baeksan tea, a kind of white tea made from the flowers and leaves of the Ericacese, which grows wild in the Backdu mountain of North Korea especially, was used in ceremonies to show respect to ancestors. The importance of tea in Buddhist ceremonies could be seen in Baekje's historic site as well. A stone well found at the Sunam Temple was built with bowls set in four tiers or steps. The first bowl was specifically used for making tea for Buddha. The second was used to make rice for the temple monks. The third bowl of water was used to wash dishes, while the water from the last bowl was used to clean the temple. This showed the tremendous respect the people had for tea, and even for the water used to make tea.

3) The Late Stage

The Buddhist clergy of the Goryeo Dynasty lost their power when the Joseon Dynasty (1392–1910) came to power. Along with the Joseon Dynasty came Confucianism, and the culture of tea became less popular because it flourished with the practice of Buddhism. Tea culture was nevertheless kept alive in secluded mountain temples; tea was still grown and harvested. Tea made a steady but gradual comeback over some fifty-five years. It became available not only to the clergy, the royalty, and the upper class, but for the first time became the drink of choice for the rest of society. The books of Monk Choui, Dasinjeon and Dongdasong, explained the tea culture in the Joseon Dynasty. The book Dasinjeon illustrated the whole process of dado: picking tealeaves, making and tasting tea, and preservation.

Tea cultivation after Joseon Dynasty had begun by Japanese during the World War I. After independence from Japan in 1945, the tea culture in Korea has flourished by having green tea plantations in Boseong and later Hadong and Jeju Island.

3. The Classifications of Cha

Cha can be divided by different ways. The tea groups are sorted by ingredients, the process, and forms. Especially, nokcha (Korean green tea) specifies its groups by harvesting times. Many Koreans prefer the taste of Korean style of Green tea since it has a unique flavor from the process of roasting and steaming tea leaves.

1) Ingredients

a. Regular tea and Folk tea

Korean tea can be divided into two groups by its ingredients, regular tea and folk tea whether it has tealeaves or not. The regular tea group includes green tea, black tea, red-black, white, powered tea, and oolong tea. Folk teas do not use tealeaves. Some, in order to promote health, according to tradition, include herbal teas like ginseng, mathe, gymnemathe, chamomile, mum, lotus flower teas, and fruit teas.

b. Fermented tea and Unfermented tea

Traditional teas fall into two groups, fermented and unfermented. Green tea, green tea extract, and powdered tea are all unfermented. While the fermented tea consists of the lightly fermented white tea, half fermented blue, fully fermented red-black tea (primarily western black tea) and the heavily fermented black tea. Teas that are 10-20% fermented are also apart of the fermented category. Tea can also be categorized by the processing, timing and method of picking tealeaves.

2) The Processes

The first step in processing green tea is to steam or pan-fire the freshly picked leaves. This destroys the natural enzymes necessary for fermentation.

a. Roasted tea (Boggeum-cha)

The tealeaves are roasted in a hot, large, deep metal pan. Iron or steel cauldron, that is traditionally heated by a wood fire to evaporate the moistures from the leaves. Once being thoroughly roasted, they are placed on the mungsuk, a traditional straw mat. While drying them, one should rub the leaves repeatedly between the hands three to five times. Practically the entire process including rolling and separating the leaves is done manually. After roasting and drying process, the color of tea leaves are close to brown but once it is infused in water, the original green color is reverted.

b. Steamed tea (Jeung-cha)

The tealeaves are steamed in the siru, which is a traditional Korea round earthenware. It is known as Jeung Cha and its color is far greenest and fragrance is most intense among all green teas. A good example of a steam tea is sen cha-Japanese green tea. The steaming helps to preserve the leaves' natural antioxidants.

3) Forms

a. Loose-leaf tea (Ip-cha)

Loose-leaf tea is usually unfermented. It includes nokcha, roasted green tea. It preserves the aroma, original shapes and colors of the tealeaves well. Most of good qualities of green teas are packaged in a loose-leaf tea form in a sealed bag, not vacuumed one in Chinese tea package.

b. Molded Tea (Don-cha)

Molded tea often is fermented. Doncha and cheongtaejeon, kinds of Korean folk tea, are the fermented green teas, molded into the round shape of traditional coin. This type of tea can only be found in Korea.

c. Powdered Tea (Mal-cha)

Powdered tea is finely ground and unfermented by using a millstone for tealeaves. It is more popular in Japan than in Korea. A powdered tea is whisked with a fine bamboo whisk in a large bowl.

06

Ipcha (left) don-cha (center) and malcha (right)

07

Loose leaf green tea (left) and powered green tea (right)

08

Making a molded tea (cheongtaejeon)

4) Harvesting Time

Korean nokcha (green tea) plants are harvested four times a year between mid-April and the beginning of June. All of the leaves are carefully and selectively handpicked, regardless of the harvest time.

a. The first harvest: Jakseol

It begins in early spring, usually around April 20th. The small, new leaves picked at this time are said to make the highest quality tea called jakseol or ujeon. The name jakseul comes from the tealeaf's similarity in shape to the tongue of a sparrow; the tea's taste is delicate.

b. The second harvest: Sejak

It is from the end of April to the 5th of May and is called sejak. The size of leaves is sufficiently small but the flavor is a bit intense than the first bud jakseol.

c. The third harvest: Jungjak

The third one from May 5th to the middle of May is called jungjak. The taste is full-bodied, and it is the most popular.

d. The last harvest: Daejak

Daejak is done from the end of May to the beginning of June. Compared to the leaves from the other harvests, daejak tealeaves are larger and more fully blossomed; as a result the tea is of lesser quality and less flavorful. In the past, commoners would drink last harvest tea, as it was the least expensive tea and more commonly available.

09
Tea plantation (left) and picking tealeaves (rignt) in Boseung

10
Wild tea trees (left) and picking tealeaves (bottom) in Hadong

4. The Characteristics of Nokcha

Nokcha (green tea) is one of the most popular teas in Korea. It has healing capabilities and can improve health and clear the mind. The mind becomes brighter after several cups of the tea and the body becomes cleaner by helping to wash out fatty composites.

1) Components

Nokcha's main ingredients are polyphenols, which are made up of catechine. Catechine and theanine are caffeine. The theanine in tea calms and relaxes the nervous system; catechine helps to prevent a variety of diseases. Tea's benefits are both physical and mental.

Causes of many diseases include weak or obstructed blood circulation and having a weak autoimmune system. Catechine and the vitamins found in tea can delay or even stop the symptoms of these diseases. Doctors and researchers in the medical field believe that catechine neutralizes and dissolves fat.

The caffeine in tea is mild; the body absorbs it slowly, and those who are sensitive to the effects of the caffeine in coffee do not feel it as much when they drink tea. Tea's caffeine is more easily flushed out of the body than that found in coffee.

2) Picking Leaves

Korean green tea farms or plantations are located in Bosung, Hadong, Sanchung, Gurye in Jiri Mountain, and Jeju Island. Wild traditional tea trees grow near by the Ssangge, Dasol, and Sunam temples. These teas are well known for the quality of their taste and aroma. When selecting green tea, first look at its color; then test the taste and aroma. With the first sip one must, smell the aroma and exhale in the flavors. Also pay attention to the brewed wet leaves in the teapot. When one touches the loose tea leaves, feel absolute dryness and see how much it shines. Within a few hours of being picked, tealeaves are heated and steamed, then crushed and dried. Pan-fried and steamed green teas are the more popular ways of making tea in Korea.

3) Tea Making

It is done mostly by the women of the region, who can only collect a few pounds of leaves in the course of a day. The drying of the leaves must be done within 24 hours of picking, before the juices in them start to oxidize. There are two main methods in use. First, the fresh leaves are dried in an iron cauldron over a wood fire or in a mechanical drier, being stirred constantly to prevent burning. From time to time the drying leaves are removed from the heat to be rubbed and rolled vigorously so that they curl tightly on themselves. They are then returned to the heat, and the process is repeated a number of times. Second one, the fresh leaves are plunged for a moment into nearly boiling water, then allowed to drain for a couple of hours, before being placed over the fire. The drying and rolling are done concurrently; the leaves are not removed from the heat until they are completely dried, after about two hours. During this time, the leaves are constantly turned, rubbed, and pressed to the bottom of the cauldron. The drying has to be completely regular and at the same time no leave must burn. An intense fragrance emerges from the leaves as the drying advances. It takes many years of experience to know just when to stop the drying.

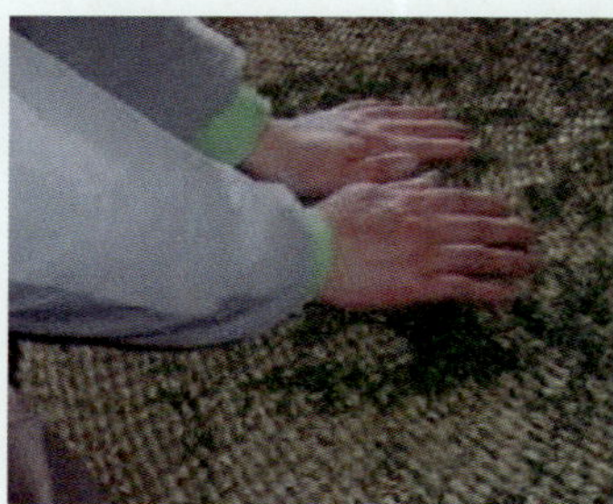

11
Drying and rubbing tealeaves

12
Roasting stove

4) Infusing Nokcha

Since water is very important in making tea, try to use purified bottled water or good natural water, and boil up to 100°C (210 °F). If the water is directly from the faucet, it needs to sit for a day in a mud or earthen pot to purify it. When boiling water, leave the lid open and boil 2–3 minutes longer than purified water.

Correct temperature and timing are two important factors of tea making in Korean tea culture. Start timing the infusion after the lid of the teapot or serving cup is placed and follow the specified temperature for best results.

1. A tea set is covered

2. Uncover the tea set

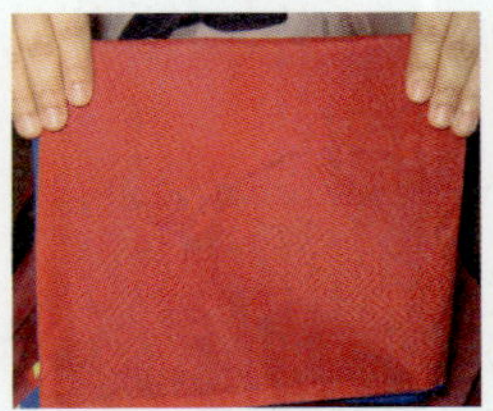

3. Folding the tea set coverings

4. Pouring hot water into sukwoo to warm it up

5. Pouring hot water into a tea set to warm it up

6. Adding tea leaves to the teapot

7. Steep tea for 1-2 minutes

8. Pouring tea into cups, starting from a tea cup close to a tea server and rotate from the last to the first one

9. Place the saucer under the cup to serve

10. Tea is served with desserts

a. A measure of hot water, about 90ml, is placed into the lipped bowl, from where it is poured into the empty pot. This water warms the pot and is then poured into the cups to warm them before being thrown away.
b. Let the boiled hot water cool in a tea bowl until the temperature drops to 70°C (102°F). The correct temperature can be determined by touch. The difference between Western tea sets and Asian tea sets can be found in the teacups. Western teacups have handles while Asian teacups do not. Therefore, it is natural for Koreans to use their hands to feel for the right temperature.
c. Place 6 grams of tea for 3 servings, 2 grams for 1 serving into a pre-warmed teapot.
d. Add the cooled water into the teapot and let the leaves soften for 1-2 minutes.
e. The first serving of a new batch of tea is poured directly into the cups filling it a third high. Continue to pour a third into the remaining cups. Rotating from the last third one with 1/3, moves to the second one, and finally finished with the first one with 1/3. By doing this, tea is spread equally and stronger tea will emerge from the bottom of the teapot. No water must remain in the pot, or it will develop a bitter taste that is undesirable.

In summer, pour the water first and then add tea; in winter do the reverse. The water for subsequent rounds can be a little bit hotter than that used for the first because the leaves are already softened; the tea needs only a short moment to steep. Ordinary green tea will usually have lost most of its flavor after three servings, but high quality tea may be used to make four or five servings. The used tealeaves can be employed in a variety of ways: in cooling, in bath water or as a hair-rinse, face wash or to remove the smell from a refrigerator.

5. Cha Etiquette

1) The Tea Set

A tea set consists of a teapot, one small bowl and one large one, cups, saucers, a bamboo spoon, and several other items:

13
Tea set

a. Dakwan: the teakettle or teapot into which you put loose tealeaves to brew the tea

b. Chaho: a small container to keep the tea leaves fresh

c. Sukwoo: a small bowl for cooling down the hot water

d. Taeisuki: a large bowl to keep unwanted water

e. Chatjan: a teacup

f. Chatak: saucers usually made of wood to help avoid creating the unnecessary noise of an all-porcelain set

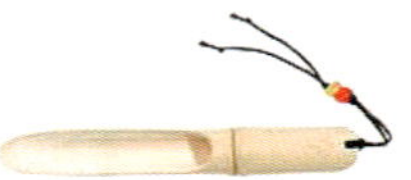

g. Chasi: a bamboo spoon to scoop the tealeaves

h. Dagun: a cotton handkerchief for removing moisture during the tea ceremony

i. Chasang: a table for the tea set and utensils

j. Daban: a tray to carry teacups

Tea sets in Asian cultures date back at least 500 years, starting with China's Ming Dynasty. Korean tea sets are made for one, three, or five people because Koreans believe odd numbers are the symbols of the good and positive aspects of life. Cups are the same size in sets for three or five people, but the size of the teapot differs.

New tea sets have to be cleaned by soaking them in boiling water, without using artificial soap. Once the tea set has been used and washed, they must be dried completely and separated from other food dishes to keep the set away from unneeded moisture and odors.

a. Tea set for one: travelers prefer this small potable tea set. The strainer is built in.

b. Tea sets for three and five

2) Serving and Drinking Tea

Manners in Korean tea culture are divided into those associated with preparing tea and those of drinking it. Paengju, a tea server, plays an important roll.

a. Cups should not be passed from hand to hand directly; only one person should be moving at a time. The filled cups are put on saucers and then placed in front of the drinkers on a serving tray.
b. Exchange respects by bowing to each other; the host and guests can then enjoy the tea with dessert and conversation.

c. For the second serving, use a tea pitcher to serve.

d. For the third and last serving, use the tea pitcher or let guests serve themselves.

3) How to Drink Tea

a. Take three sips of tea per cup.

b. Hold the cup with the right hand and place the left underneath the saucer.

c. Bring the cup close to the mouth as in Korean dining tradition. Keep the cup close to the chest level to enjoy the tea's color.

d. When the teacup gets close to the lips, smell the aroma.

e. Do not drink the tea in one gulp; rather sip it in few times and enjoy the flavor.

f. Always show respect for the person who made and served the tea by exchanging good conversation and proper greetings.

4) How to Enjoy Tea

Tea is considered to contain at least five tastes-salty, sweet, bitter, tart, and peppery-in varying proportions.

a. The first step is to view the color of the tea.

b. The second is to inhale its fragrance.

c. The third to taste it on the tongue, much the way one would taste wine.

d. The fourth step is to follow the taste of the tea as it passes down the throat.

e. Enjoy the lingering aftertaste.

The water from the second and following cups can be a little hotter than that used for the first. The leaves having softened, the water needs to stand on them for only a very short moment. The tea is then poured into a lipped bowl, which is passed around so that people may serve themselves directly.

5) Dessert Drink

The Korean traditional pressed cookie called dasik, originated in a time when it was difficult to keep tea leaves fresh. It was named dasik, which means tea and food, because it is usually served with tea. People used tools to mold or press tea into money shapes or bricks. Once loose teas started becoming popular, these tools were used to make desserts in the same round or square shapes. Most Korean desserts are made out of natural and fresh ingredients, including green, yellow and mung beans, pine pollen, black sesame and dried fruit and nuts

14

Tea dessert Dasik

6. Comparing Tea Cultures in China, Japan and Korea

The histories of tea in Korea, China, and Japan are different. China has the longest history of the three countries, going back some 5,000 years. The history of Korean tea is almost 2,000 years old from the time when the tea tree seeds were brought back to Korea from the kingdom of Ayuta of India in B.C.E. 48. Compared with Korea and China, Japan's tea history is only 800 years old. The monk Eisai brought tea to Japan from China during the latter's Song Dynasty.

The taste of green tea from China, Korea, and Japan differs despite their common origins. This is due to each country's soil, water, climate, amount of sunshine and the actual tea making process. For example, yongjeoncha is a green tea from China that is pressed and roasted, whereas matcha from Japan is made by steaming powdered tea. Jakseolcha, a staple Korean green tea is mildly roasted. Sautéed tea is popular in both Korea and China; it is mild yet full-bodied in taste, with a touch of burned bitterness. Japanese tea tends to maintain the green color of its origins because it was steamed. The taste is "grassier" than Chinese and Korean teas, and it requires hotter water and shorter brewing time to make. There are three factors that make Korean green tea distinctive in aroma and flavor: The water used to brew the tea, the soil in which the tea is grown, and the material of the tea set.

a. Water quality is a very important in making good tea. Ssangyecha, which uses water from the Ssange Temple, is the best-known tea in the northern part of South Korea.
b. The soil in which the tea tree grows is another important factor. The mineral and metal content of soil contributes to the taste of the tea. A kind of stone, Elvan in soil contributes to the unique taste of Korean tea, giving it a full-bodied, yet mild flavor, as well as a gentle, long lasting aroma.

c. The set in which tea is served is an important aspect of making and presenting good tea. Taste can be affected by the materials used to make the set. The set's aesthetic qualities, such as the color, shape, size, etc., can affect ones perceptions and reactions to the tea.

The Chinese use a wide variety of tea sets, depending on the type of tea being brewed.The Japanese use very colorful tea sets, often in red or brown stone. Koreans use white porcelain tea sets, dawan. The Chinese brew tea directly in hot water, while Koreans first cool the water down in a bowl. As a result, Chinese teacups, and tea sets in general, are smaller than those of Korea or Japan.

All three countries share the same tea philosophy but they execute it differently. The concept common to all three countries is Daseonilmi, a Buddhist concept that maintains that tea and Zen are closely related. In Chinese culture, this relationship is expressed by serving the best tea in the best tea set. The Japanese respect intimacy and tranquility shared by serving tea in a small sized tearoom. Koreans prefer a less formal, more natural setting for their tea ceremonies.

From here the differences in the ways an appreciation of tea is expressed among the three countries become more easily discernable:

a. The Chinese classify their wide variety of teas into categories, based on their infusion of six colors—green, white, yellow, teal, black and red. Oolong tea, for example, has as distinctive aromatic flavor. Oolong is considered a teal tea, which is half fermented to give it both fresh aroma of green tea and the rich flavor of red tea.

The Chinese also use special teacups to emphasize a tea's aroma.

b. Japanese tea (matcha) has the distinctive dark green color of the woods. It is a distinctive full-bodied tea with a fresh, almost bitter aroma.

c. Koreans emphasize a tea's flavor by using water that is more tepid than Chinese tea in order to avoid bitterness or lessen the taste. As a result, Korean nokcha has a delicate, mild aroma, and light but long-lasting flavor. The flavor reminds one of looking at a deep, clear sea.

Each country uses its own terminology to describe tea culture. "Tea Way," "Tea Manner," and "Tea Culture" are the most common general descriptions. In China, brewing tea is called "Tea Art" ("Art of Tea"), and tea is considered a part of daily life. In Japan, by contrast, the "Tea Way" ("The Way of Tea") focuses more on education, including the ceremonies and rituals associated with tea, a spiritual education, and even what a bride must learn in preparation for marriage. As a further contrast, "Tea Manner" in Korea emphasizes spiritual value rather than the formality of tea ceremony. Instead, tea is an important part of life both in the home and in public. Koreans meet through various tea associations and organizations for this purpose.

15
Chinese (top)
Japanese (left) and
Korean (right) Tea

7. Cha in Modern Society

We live in a modern society where everything is moving and changing fast. People have the tendency of losing their temper easily and becoming less patient. There are many factors that deteriorate us physically and mentally, such as high levels of noise and stress, unhealthy food choices and pollution. Having a simple cup of tea is a way to unwind and compose oneself and to give us spiritual and physical strength. The right way to understand Korean culture in general begins with an understanding of nokcha and its culture. Tea ceremonies teach patience, respect, meditation, and how to cope with unexpected difficulties to young children and adults, by having to wait and serve others.

There are many ways to use the taste, color, aroma of green tea and tealeaves in the products found in our daily lives. In food, there are green tea drinks, desserts made with green tea including ice cream, puddings, cakes, and candies, as well as soaps, cosmetics, fragrances and scented incense. Even used tea leaves can be employed in a variety of ways-in cooling, in bath water, as a hair rinse, face wash, or even to remove refrigerator smells.

Tea ceremonies of the past were primarily for offerings or entertainment; these days they have become a life style and its own culture. Through the years, tea ceremonies have changed by simplifying their formality. Many people now enjoy tea and tea making time rather than being restricted by the rules of the tea ceremony. In addition, tea ceremony has been incorporated into other art forms, such as music, painting, and poetry. It has become an art of meditation and cultural product which one can actually taste Korean culture and learn about people through a cup of Korean nokcha with its light, mild taste and deep, long lasting aroma.

특별 부록

본초 하오명의 차문화 및 차학술에 관한 연구

특별 부록

김 길 령
원광대학교 동양학대학원 초빙교수

목차

Ⅰ. 서 언

한국의 음다풍속은 신라시대 화랑들의 차생활에서 찾아볼 수 있으며 고려시대에는 왕실이나 사원을 중심으로 성행하였다. 조선시대에는 차문화의 퇴조로 사라지는 듯했으나 사찰이나 사대부 집안에서 면면히 이어져 내려와 오늘날 고도의 정신문화와 생활문화로 발전되어오고 있다. 이러한 차문화 역사의 중심에는 차문화를 향유하고 즐기는 차인이 존재한다. 우리는 과거 차인의 행위와 내적인 사상, 그리고 후대에 미친 영향력을 살펴봄으로써 차문화의 역사를 바르게 이해할 수 있게 된다.

茶는 사색공간을 넓혀주어 사람으로 하여금 예의롭게 하며 건강하게 하고, 오늘날에는 우리의 정신문화로 남아있다. 그러므로 茶는 정신적 효능뿐만 아니라 약리적 효능, 기호식품으로 자리매김하면서 취미생활과도 연계되어 있다. 이러한 관점에서 차를 즐기며 차문화의 보급 및 확산에 앞선 茶人의 생애를 더듬어 보고, 차문화를 위해 헌신한 업적과 공로를 살펴보는 것은 차문화의 소중함과 가치를 재인식하게 될 것이다.

본 연구는 茶의 정신을 실천하는 本艸 河五明의 차문화와 차학술을 조명하고, 그의 다도사상을 살펴봄으로써 올바른 차문화 역사의 정립과 계승 발전에 기여하게 될 것이다.

Ⅱ. 本艸 河五明의 차문화 활동

1. 本艸 하오명의 차생활

本艸 하오명은 1936년 6월 16일 대구에서 출생하였다. 그가 차를 처음 접한 것은 어린 시절 차생활을 하시는 부친으로부터였다. 그의 부친은 집에서 항상 茶를 드시며 무쇠로 만든 탕관 겸 다관에 茶를 우려 어린 아들인 본초에게 차를 마시게 했는데 그는 처음 맛본 茶가 떫고 약간 써서 좋은 맛을 느낄 수 없었지만 오랜기간 부친의 사랑이 담긴 차를 마시며 차 맛에 끌리게 되었다. 이러한 차생활을 즐기는 집안 가풍에 따라 성장했으며, 청년기에 영남대 약학대학을 입학하였다. 그러면서 약초와 茶에 대해 더 많은 관심을 갖게 되었고, 그러면서 차를 우려마시는 차도구에도 매력을 느끼게 되어 우연한 기회에 도예지를 탐방하였다. 그 당시에는 도자기 만드시는 분들이 茶를 즐겨 마시고 차문화에 관한 교육도 하였는데 그분은 토우 김종희 선생님이시다. 茶 우리는 것을 배우고 느끼면서 토우 선생님을 존경하게 되었고 현재의 차생활에 많은 영향을 받았다. 또한 차와 더불어 불교에도 관심을 갖게 되어 전국의 많은 사찰을 답사하면서 차문화에 관해 학문적으로 이해하게 되었다.

답사를 하면서 선조 때 가정에서 차 준비하던 유일하게 찻방을 가지고 있는 양반가인 선산의 최씨 집안을 알게 되었다. 그 댁에서 양반가의 茶가 전통적으로 이어내려오고 있었으며, 茶의 명맥은 사찰과 양반가에서 유지되어 주변에 영향을 주었다. 그들이 茶를 만들고 마시는 것뿐만 아니라 약효로도 차를 먹었는데 즉 감기예방 등 민간약의 용도로도 茶의 음다는 이어져왔다.

本艸 하오명은 해외정보와 茶書를 통해 우리전통문화와 차에 대해 관심과 사랑을 가졌다. 사찰의 차, 도요지의 차, 선배 차인의 차를 통해 茶의 진수를 찾았으며 각기 다른 차회의 茶人들이 모인 연합회에서 차인과의 교류와 차의 이론적 강의, 실습을 통해 茶脈을 확인할 수 있었다. 本艸 하오명은 학부에서는 약학공부를 하였지만 특이하게 경제학 석사와 박사를 취득한 차인으로 수많은 서적을 통한 茶學 연구를 계속하고 있다. 그의 약력 및 경력을 살펴보면 〈표 1〉, 〈표 2〉와 같다.

표 1
학력

연도	내용
1936.06	대구출생
1952	경북중학교 졸업
1955	경북고등학교 졸업
1959	영남대학교 약학대학 졸업
1969	영남대학교 대학원 경제학 석사학위
1980	영남대학교 대학원 경제학 박사학위
1970 ~ 1995	영남대학교 겸임교수
1959 ~ 1967	대구 동산약국 경영
1967 ~ 2005	본초제약 경영

표 2
경력

연도	내용
1971 ~ 1980	대구 YMCA 이사
1971 ~ 1972	대구청년회의소 회장
1972 ~ 1980	대구상공회의소 상임의원
1977 ~ 1980	대구경북약사회장

2. 本艸 하오명의 차문화 활동

本艸 하오명은 직접 차를 제다하였는데 喜樂茶와 琵瑟茶이다. 희락차의 특징은 성경에 喜라하여 마음을 기쁘게 해주고 樂은 몸을 건강하게 한다고 하여 차에 꽃을 넣어 몸과 마음을 건강하게 하는 차이다. 이 차는 2003년 대구 음식박람회에 출품하였으며, 대상으로 수상되었다. 음식박람회에서는 160종의 작품이 色, 香, 美를 겨뤘으며 그 가운데 최고로 뽑힌 희락차는 꽃· 금은화, 국화, 칡꽃, 계수나무꽃, 연꽃, 계피, 건강, 감초를 우려낸 茶로 그 재료는 주로 대구의 팔공산과 비슬산에서 채취한 것이었다. 대구의 비슬산은 겨울에도 차의 재배가 이루어지는데 반해 팔공산은 겨울에 차가 잘 자라지 못한다. 그는 팔공산에 밭을 1000평가량 일구었는데 그중 100평의 차밭을 관리하면서 차나무가 잘 자랄 수 있도록 펜스와 돌담을 쌓고 낙엽을 깔았으나 한겨울 추위에 동해를 입어 성공하지 못했다. 그렇지만 차밭을 관리하는 이유는 여러 지역에서 생산되는 차를 팔공산에 심어 대구지역에서 자생하는 차의 생장 상태를 식물

학자들과 연구, 관찰하여 대구의 환경에 적응한 차나무 재배를 하기 위한 것이다. 이처럼 그는 대구를 사랑하고 아끼는 애향심이 대단한, 대구를 지키고 가꾸는 차인이다.

그는 좋은 차를 만들기 위해 팔공산과 비슬산 등 대구 근교의 산을 자주 오르는데, 산에서 손쉽게 구할 수 있는 갖가지 약초와 나뭇잎으로도 훌륭한 민간약과 차를 만들 수 있다고 한다. 또한 그는 "우리 고유의 민간약과 건강차가 현대 의학적으로 검증되지 않아 현실적으로 외면당하여 사라져 가는 것에 안타까워 하며 앞으로 더 다양한 종류의 차 개발 노력에 박차를 가하여야 함"을 강조하였다.

본초 하오명은 가장 존경하는 茶人으로 조선시대 초의선사와 신라시대 김교각 스님이며 현대 차인으로 茗園선생이라 하였다. 그는 존경하는 茶人의 정신을 본받으며 茶人을 닮아가는 삶을 살려고 노력한다. 특히 신라시대 김교각(696-794) 스님은 신라 성덕왕의 장자로서 당에 유학함으로 왕족생활을 포기하고 구도자의 길로 출가하여 많은 어려움을 극복하고 공경받는 승려가 되었다. 24세에 당나라로 들어갈 때 흰 개와 함께 금지차를 가지고 갔다고 한다. 중국 안휘성 구화산에 금지차를 재배하여 제다하고 음다생활을 하였으며 차가 종교생활의 수도 정진에 많은 역할을 하였고 지장스님이 茶에 대한 사랑이 극진했음을 추측할 수 있다.

대원사에 가면 김교각의 지장전이 있는데 여기에 그때 심었다는 茶나무가 있어 본초 하오명은 이것을 팔공산에 한 그루 옮겨 심었으니 茶에 대한 사랑도 지극하다.

本艸 하오명은 맛있는 차를 우리기 위해서 차도구는 차생활를 방해해서는 안되며 너무 구속받지 않는 찻자리가 적합하다고 언급하였다. 그는 물의 도구로 六角水 물단지의 물로 차를 우리면 色, 香, 味가 뛰어나며 건강에도 도움이 된다는 견해를 밝혔다.

잔은 五常盞으로 仁義禮智信 등 다섯 개의 잔에 표시되며, 부부 잔은 中正으로 두 개의 잔에 표시되고, 가족 잔은 梅蘭菊竹茶 등 다섯 개의 잔에 표시한다. 이는 위생적으로 잔을 구별되게 하기 위해 글씨를 잔 안에 써 넣고 글씨의 참뜻을 알리는 지혜로운 목적이 있다. 또한 그는 차와 음식에 관한 것도 지적하였다. 일반 음식점에서 업소를 대표하는 디저트용 다식 문화의 필요성을 강조하고 있으며 이러한 티푸드의 개발이 우리의 차문화 뿐 아니라 음식문화가 발전하는 계기가 될 것이라 언급하였다.

本艸 하오명의 차문화 활동은 1978년 대구 차인회 회원으로 출발하여 1986년에서 현재까지 영남차회 회원 및 회장을 역임했다. 1990년대 (사)우리차문화연합회 대학원장 및 회장을 역임했고 1999년 1월 한국다학연구원을 설립하여 후학들의 차문화 교육에 주력하고 있다. 또한 현재까지 차문화 연구를 꾸준히 이어오고 있으며 차문화 활동의 다력을 살펴보면 다음 〈표 3〉과 같다.

표 3
다력

연도	내용
소년기	부친에게 생활차 배움
1979	대구차인회 창립회원
1986	영남차회 창립히원 및 회장역임
1998	우리차문화연합회 차립, 대학원장(99년), 회장, 명예이사장
2003	대구 음식박람회 대상수상 「희락차」
2004.04 ~ 2004.10	불교방송「차문화 산책」, 총 33회 강의
2005	SBS 오픈스튜디오 「향기로운 여유 - 차」, 총 3회 강의 미국 뉴욕대학 외국인을 위한 한국차 강의 (2005, 2006) 미국 뉴욕한국문화원 다학강의 (2005, 2006)
2002.11 ~ 2005.5	영남일보/ 『위클리표유』 「하오명의 차이야기」 총 128회 연재
2004 ~ 2005	『월간다도』, 「하오명의 향기있는 차이야기」 연재
2004	『다담지』 「다학」 연재
2005 ~ 2006	월간 『Tea & People』 「풀어쓰는 하오명의 다학개론기」 연재 미국 뉴저지동화문화원 - 다학강의 (2006,2011)
현재	한국다학연구원장

위의 〈표 3〉을 보면 본초 하오명은 한국차의 우수성을 알리고 차인뿐 아니라 국내외 일반인들에게도 차문화를 보급, 확산하는 일에 주력하고 있다.

01

五常盞

02

차문화 활동

03

차 즐기는 모습

04

외국인에게 차 강연

Ⅲ. 本艸 河五明의 차 학술 활동

1. 本艸 하오명의 저서

本艸 하오명은 차시를 즐겨 쓰는 차시인이고 수필가이다. 죽순문학회 윤장근 회장은 하오명을 '직관의 수필가' 라고 했는데 이는 그의 글들이 사고의 강요도 아니고, 수사의 전개도 아니면서 읽는 이로 하여금 빨려들게 하는 깊은 호소력을 갖는 것은 결국 그만의 지닌 직관력 때문이라고 평했다. 그의 글은 현실을 꿰뚫는 리얼리티가 일관되게 깔려 있어 글의 실체가 수필이면서도 흡사 여행기나 서간문 보듯 마음을 편안하게 해 주는 '생활수필'의 묘미를 한껏 느낄 수 있다고 했다. 그의 詩碑는 대구 칠곡 학림공원에 있다.

그는 1999년 『녹두빛 찻잔』, 2008년 『풀꽃 편지』 라는 수필집을 출간했다. 오랫동안 고향사람들의 다정한 모습과 시골장터의 먹거리와 왁자지껄한 모습, 주위의 명산, 山竹과 솔잎으로 만든 차, 지리산의 기가 담긴 녹차, 건강해서 겸손함을 모르는 사람보다 허약한 사람들에게 나름대로 조언해 보려는 그런 종류의 글들을 다정한 사람들에게 편지 쓰듯 쓴 글을 모아 한 권의 에세이집으로 묶었다.

05

수필집(왼쪽), 시비(오른쪽)

또한 그는 뉴욕의 한국문화원과 뉴욕대학에서 茶 강의를 마친뒤 NYU의 겟죠 교수댁의 저녁 초대를 받았다. 그 때 준비해간 차선과 다완으로 말차를 준비했으며 이와 함께 한국의 雅樂 CD를 틀어 주었는데 좋은 평가가 뒤따랐고 한국차문화를 알릴 수 있는 계기가 되었다. 따님에게 한국의 茶를 교육하면서 한국의 차인으로 자긍심을 가질 수 있었다고 회상하였다.

그는 약사로 제약회사를 경영하고 대학 강단과 장학회사업을 거치는 과정에서 다양한 문학 활동과 사회활동을 하고 茶學에 관한 그의 열정은 계속되어 2007년에는 TV매체에서 "향기 있는 茶이야기" 방송에도 출연하였다. 그는 많은 저술활동으로 여러권의 저서를 출간했으며 목록을 살펴보면 〈표 4〉와 같다.

출판연도	책 제목
1969	『신고전학파의 연구』, 영남대학교 대학원 석사학위 논문
1979	『자랑스런 세일즈 맨』, 하오명, 김규창 공저
1980	『공해의 환경 경제학적 연구』, 영남대학교 대학원 박사학위 논문
1984	『약국경영의 이론과 실제』, 월간 약국
1992	『전환점에 선 약국 경영』, 월간 약국
1992	『판매직 콤팩트』, 명진출판사
1999	『녹두 빛 찻잔』, 대일출판사
2008	『풀꽃편지』, 북랜드
2010	『心醫』, 하오명, 이태희 공저, 삼일출판사

1. 本艸 하오명의 차시

본초 하오명은 여러편의 차시를 전하고 있는데 이런 茶詩를 통하여 차인의 바른 삶과 차의 정신을 표현하였다. 가끔 주위 사람들에게 인생훈, 건강훈, 부부훈과 아름다운 詩를 서예작품으로 만들어 나누어 주거나 게시하기도 했는데 주변에 여러 평가들이 뒤따랐다. 혹자는 칭찬하는 사람, 무관심한 사람, 빈정대는 사람도 있었다. 그러나 긍정적 평가와 자료가 요긴하게 쓰인다면 그것으로 만족하며 위안이 된다고 하였다. 11편의 차시를 살펴보면 다음과 같다.

1) 茶民-산비탈 차밭 가꾸는 茶民에게

우리는 잊고 있다.
따사로운 햇볕과 밝은 달빛
大地를 어루만지는 맑은 바람과
안개와 비의 고마움을

우리는 모르고 있다.
茶나무 가꾸는 茶民과
등요에서 흙을 익히는 사기장
그들이 흘리는 땀방울의 의미를

우리는 늘 잊고 있다.
찻잔 속에 우려진 灵山精氣
色香味만 취하고 또 따지네.
茶民의 어진 마음 저만치 두고

茶는 알고 있다.
헤아리지 못하는 우리의 어리석음과
지친 마음을
알맞은 茶香으로 감싸주네.

2) 茶, 民茶

바이칼 湖서 始原한 民族
古朝鮮, 高句麗의 白頭山
천신께 白山茶, 白樺茶로
하늘 제사 올렸네
자, 民茶 나누세.

二千年 茶 즐긴 風流民族
來歷은 印度아유타 伝來
許黃玉의 伽倻茶
대왕릉, 후능에 茶 올리고

자, 將軍茶 나누세.

百濟茶는 淨茶일세.
仙巖寺는 茶緣
물확, 차밭, 화덕 예스럽고
노을에 우린 茶는 禪茶
자, 野生茶 나누세.

新羅茶는 金烏山 三花岑茶
金喬覺은 新羅茶를 唐에
花郎들은 石池竈로 茶를 즐기고
孤雲은 石釜, 一心을 石刻했었네.
자, 花郎茶 나누세.

高麗茶 는 三國遺事에 담기고
靑磁찻사발에 되살아나고,
白雲의 茶法, 圃隱 의 茶魂
末茶는 倭를 감동시켰고
자, 脑原茶 나누세.

朝鮮茶는 灵山 智異山
白磁는 樂碗, 西洋陶磁로,
梅月堂, 寒齊, 茶山, 秋史의
차사랑
艸衣는 東茶頌을 茶學集大成
자, 雀舌茶 나누세.

문화, 情報化로 茶文化 成長
茶園은 제주, 하동, 팔공산으로
文化尖兵들은 茶生活, 茶道로
心身을 다스리네.
자, 竹露茶 나누세.

3) 民茶

할머니는 늘 말리고 덖었네
감잎, 뽕잎, 쑥으로
끓여 茶 만드셨네
아, 사랑의 民茶였네

어머니는 늘 藥草를 달였다네
益母草, 當歸, 결명자, 둥굴레, 골라
숯불화로 약탕기로 끓였다네
아, 사랑의 民藥이었네

아내는 가져온 藥草를 볶네
민들레, 어성초, 겨우살이가
茶되어 향긋이 우려지네
아, 사랑의 民茶이구려

4) 智異山 茗園茶苑

伽倻香氣의 七佛寺 들머리
新羅文人 孤雲의 洗耳巖과 옛 푸조나무
거기 伽倻茶, 新羅茶가 있었네

智異山의 氣와 自然의 힘으로
야생차를 기르고 만들고 가르치는 茶苑
孤雲, 省谷, 茗園이 거니는 낙원이네

5) 茶人은 누구입니까?

茶人은 누구입니까?
藝術家이고 文化人입니다.
茶人은 누구입니까?
本草의 研究家이고 自然과 더불어 사는 사람입니다.
茶人은 누구입니까?
健康의 코디네이터입니다.
茶人은 누구입니까?
마음을 다스리는 心醫입니다.
茶人은 누구입니까?
七布施를 꾸준히 실천하는 사람입니다.
茶人은 누구입니까?
幸福을 나누는 행복전도사입니다.

6) 茶人 十德目

茶人은 지혜롭다
茶人은 너그럽다
茶人은 아이디어가 있다.
茶人은 성실하다.
茶人은 자연을 사랑한다.
茶人은 情이 있다.
茶人은 예술과 문화를 사랑한다.
茶人은 예의 바르다.
茶人은 끊임없이 배운다.
茶人은 늘 베푼다.

- 이를 적극적으로 실천하기 위해 正中의 정신으로 知行合一한다.

7) 차꽃 아리랑

봄비, 안개, 바람을 맞으며
연두빛 찻잎은 핀다
지리산 화개 신라차마실
아리랑 아리랑
지리산 차나무 아라리요

할머니 시집올 때
가져온 封茶, 여문 차 씨앗
곧게 깊게 내려간 차뿌리
아리랑 아리랑
뿌리깊은 차나무 아라리요

고운 단풍 다 보내고
맑고 고운 흰 차꽃 피고
푸른 열매 함께 익네
아리랑 아리랑
實花相逢 차나무 아라리요

봄차는 細雀녹차, 동박꽃차
여름차는 中雀녹차, 연꽃차
가을겨울차는 국화차, 차꽃차
아리랑 아리랑
차꽃 녹차 아라리요

8) 智異 아리랑

신라와 백제의 영산
방장산은 남강과 섬진강의 어머니
매화, 생강나무꽃, 산수유, 갯버들, 차꽃
철따라 피네.
아리랑 아리랑 아라리요
높은 산 깊은 물, 지리 아리랑

싸리봉, 천왕봉, 제석봉, 토끼봉,
삼도봉, 반야봉, 노고단, 성삼재를
이어 온 지리산맥이여,
그 정기는
쌍계사, 칠불사, 화엄사, 천은사,
영원사, 실상사, 대원사, 법계사로
꽃 피웠네.
아리랑 아리랑 아라리요
한국인의 기상, 지리 아리랑

지리산의 봄은 장엄한 폭포가 연다.
지리산의 여름은 푸른 숲 바다
지리산의 가을은 동물들 잔치
지리산의 겨울은 신령들의 눈 제단
아리랑 아리랑 아라리요
四季가 아름다운, 지리 아리랑

지리산은 풍류인들의 고향
지리산은 茶人들의 고향
지리산은 산악인들의 고향
지리산은 佛子들의 고향
아리랑 아리랑 아라리요
마음의 고향, 지리 아리랑

9) 茶心

茶는 고요한 湖水
茶는 어머니 가슴
茶는 정겨운 편지
茶는 나를 낮추는 智慧
茶는 布施라네
그리고
茶는 사람을 다스리네

10) 찻사발

新羅土器는
정성을 다했고,
高麗靑瓷는
하늘을 담았고,
朝鮮白磁는
구름을 펼쳤네.
우리 瓷器는 餘白의 美로세.

11) 꽃과 民茶

꽃은 하늘과 사람을 이어준다.
仙道의 꽃은 紫微花 白山茶요.
佛教의 꽃은 蓮花이며,
儒教의 꽃은 梅花이고,
基督教의 꽃은 白合花이다.
사람을 이롭게 하는 民茶가 아닌가.

Ⅳ. 本艸 河五明의 다도사상

차가 우리에게 주는 여러 혜택중에서 특히 우리생활을 문화적으로 풍요롭게 한다는 점이다. 차는 종합예술이며 차생활속에 문학, 음악, 미술, 건축, 자연미, 서예, 의상, 식문화가 조화를 이룰 때 사람들에게는 감동을 주고 자신으로서는 풍요로운 문화적 흥취를 향유할 수 있게 된다. 本艸 하오명은 바른 차생활을 위한 다도사상을 중정정신, 심의정신, 나눔과 실천을 강조하였다. 내용을 살펴보면 다음과 같다.

1. 중정정신

한국의 다도정신은 중정이 강조되었다. 다도를 통한 수행은 고아한 인품을 추구하며 차를 통해서 세속적이고 일상적인 것으로부터 초월하고자 하였다.

本艸 하오명은 초의선사의 中正정신을 마음의 근간으로 삼으며 치우치지 않는 中正이 茶의 정신이라 생각하였다. 초의 선사는 15세에 입산하여 다산 정약용의 문하생으로 수학하였고 추사 김정희와도 교류하였다. 초의선사는 "예로부터 聖賢들이 함께 차를 사랑하였음은 차가 君子와도 같아 그 성품이 무사한 때문"이라고 하였다. 더 나아가 無邪를 한쪽에 치우치지 않음으로도 해석하여 중정과 같은 맥락에서 바라보았다. 즉 지나침이 없이 올바른 것인 중정을 차의 바람직한 속성이라 하였다.

2. 心醫정신

약학을 전공한 本艸 하오명은 차생활과 건강관계를 잘 알고 이의 실천을 강조하는 운동을 펴고 있다. 차인은 마음의 의사이기도 하다. 욕심에서 조급함이 생기고 조급함이 스트레스를 불러온다. 스트레스는 우리의 마음을 과부하시켜 뜨겁게 달아 오르도록 만든다. 마음을 내려놓고 겸허해지는 것만이 마음을 다스려 평상심으로 되돌려 놓을 수 있다. 이때 차생활은 조급한 현대인들에게 기다림과 참을성을 학습할 수 있는 훌륭한 가정문화가 된다. 차는 양생의 선약, 心醫이므로 茶人은 心醫가 되어야한다. 茶란 자신의 몸과 마음을 다스리는 의사이기에 마음이 우울할 때, 누구와 대화를 손쉽게 나눌 수 있게 해주며 남을 배려하고, 생각의 폭을 넓게 해주는 것이다. 또한 그는 이태희(대구광역시 청소년 회관 관장)와 공저로 마음을 다스리는 글을 모아 『心醫』라는 책을 간행하였다.

3. 나눔과 실천

차문화는 예절을 지키는 생활문화, 실천문화이다. 차문화는 좋은 것에 대한 나눔의 문화이고 예절을 지키는 생활문화이다. 예절의 기본은 남을 먼저 배려하는 마음이다. 배려하려면 상대를 높이고 나를 낮추어야 하는데 상대에 대한 마음은 공경과 존경의 마음을 가진다. 배려하는 것은 좋은 것을 같이 나누고 공유하려는 마음에서 비롯된다. 특히 茶를 가르치는 사람은 평생을 배우고 가르치는 선비정신을 실천해야 하며 베풀기를 좋아하고 겸허해야한다.

후학들의 교육에 있어 스승이 지녀야할 우선 덕목은 덕을 베풀어야 한다. 베품 속에 따뜻한 정감이 넘치고 그때 제자들은 스승을 존경하게 될 것이다. 좋은 것은 같이 나누어야하고 아는 것은 실천할 때 의미가 있다는 것이 그의 철학사상이다.

本艸 하오명은 차는 진정한 말없는 친구이고 인생을 참구(參究)하는 도반이며 만나는 사람에게 茶 한잔을 나누는 여유로움을 지닌 실천하는 차인이다. 茶의 정신으로 사랑과 나눔의 정신이 구현됨으로서 정신적, 육체적 그리고 사회적 건강이 회복되어 삶의 질이 향상될 것이라고 주장한다.

이로써 다도사상을 기본으로 삼아 실천방안을 제시하였다. 첫째. 차인은 차나무를 재배하면서 차나무 특성을 배워야 한다. 둘째, 茶書를 읽어 차 학문적 연구를 게을리하지 말 것을 강조하였다. 셋째, 차의 생활화로 茶와 茶도구가방을 가지고 다니면서 언제 어디서나, 사람과 장소에 구애되지 말고 茶를 우려서 마시는 茶人이 되어야 한다. 이것이 곧 차의 보급과 대중화가 되는 것이다. 넷째, 차인은 茶를 만드는 사람과 차도구를 제작하는 사람을 소중하게 생각해야 한다. 즉 色, 香, 味만 취하는 茶人은 진정 茶人이라 할 수 없다. 다섯째, 정성들여 茶를 만들어 우리고 나누는 것은 차일뿐 아니라 모든 일에 정성스러운 마음을 가지고 최선을 다하는 것이다. 여섯째, 茶人은 차를 폭넓게 수용해야 한다. 전통차뿐만 아니라 민차도 함께 즐겨 마실 때 새로운 우수한 품질의 차 개발이 이루어질 수 있다.

Ⅳ. 결 어

本艸 하오명은 茶의 정신을 실천하는 대구의 차인이다. 그의 차문화와 차학술을 조명하고, 다도정신을 살펴봄으로써 올바른 차문화 역사의 정립과 계승, 발전에 기여하게 할 연구목적에 의거한 결론은 다음과 같다.

本艸 하오명은 1936년 6월 16일 대구에서 출생하였으며 어린 시절 차생활을 하시는 부친으로부터 처음 차를 접하게 되었다. 부친과 집안 가풍의 영향으로 현재 차문화연구가이며 원로학자, 차문화전도사, 약초 연구가, 마음을 다스리는 행복 전도사이다. 특히 그는 약학을 공부하였지만 경제학 석사와 박사를 취득하였으며 수많은 서적을 통한 茶學 연구를 계속하고 있는 차인이다.

차문화활동으로는 1978년 대구 차인회 회원으로 출발하여 1999년 1월 한국다학연구원을 설립하여 후학들의 차문화 교육에 주력하고 있으며 현재까지 차문화 연구를 꾸준히 이어오고 있다. 또한 팔공산과 비슬산에서 채취한 풀과 뿌리식물, 나뭇잎 등으로 직접 제다한 희락차와 비슬차가 있다.

차학술활동으로 본초 하오명은 차시를 즐겨 쓰는 차시인이고 수필가이다. 여러편의 차시를 전하고 있는데 이런 茶詩를 통하여 차인의 바른 삶과 정신을 표현하였다.

차의 정신으로 중정정신, 심의 정신, 나눔과 실천의 정신을 강조하였다. 첫째, 초의 선사의 中正정신을 마음의 근간으로 삼으며 치우치지 않는 中正이 茶의 정신이라 하였다. 둘째, 차는 양생의 선약, 心醫이므로 茶人은 心醫가 되어야 한다는 것을 언급하였다. 셋째, 나눔과 실천의 정신으로 상대를 높이고 나를 낮추어야 하며 좋은 것을 같이 나누고 공유하려는 마음, 특히 선비 정신을 실천하며 베풀고 겸허해야 한다고 하였다.

본초 하오명이 앞으로의 과제를 제시하였다.

첫째, 일반인에게 茶를 알리고 茶人들에게 다학을 심는 "茶, 民茶, 茶學"이라는 제목과 관련된 저서를 남기는 것이다. 다학은 자신을 사랑하고 인간을 사랑하는 심학과 인간학을 실천하는 것이라고 강조하였다.

둘째, 대구는 차생산이 되지 않는 지역이지만 茶, 茶道, 茶와 禪을 실천한 선각자가 많다. 선각자들이 茶문화에 끼친 영향과 정신을 재조명하고 연구하여 우리의 茶문화 발전에 근간으로 삼고자 하였다.

셋째, 특별한 약용효과가 있는 약재와 茶를 혼합 개발하는 것이 茶문화, 산업 발전에 기여할 것이다. 茶와 民茶, 생활 속의 茶, 건강을 위한 약리적인 효과를 지닌 생약재를 茶로 만들어 대중과의 접근성을 확대시키는 것이다. 특히 本艸 하오명은 물질적, 정신적 의미를 갖춘 茶를 대중적이고 서민적인 생활 속의 茶로 나아가야 함을 강조하였다.

현대인의 삶은 물질이 풍부한 반면 정신문화가 황폐해져 禮가 무너져 가고 있다. 이에 대한 방안으로 가정에서 茶생활의 실천, 다양한 차의 음다, 차와 어울리는 다식개발 등으로 차문화와 더불어 음식문화가 발전하여 차 산업으로 이어지길 기대한다.

참 고 문 헌

『녹두빛 찻잔』, 대일출판사, 1999.

『다담지』, 2004. 배근희

『신라시대 차인연구』, 원광대 석사학위논문, 2009. 이진수

『차의 이해』, 꼬레알리즘, 2006.

『월간 다도』, 2004.

『차문화산책』, 불교방송, 2007.

『차와 문화』, 2012. 3/4, 천용순, 최여진

『한국근현대 차인물연구』 2, 국제차문화교류협력재단, 2012.

『풀꽃편지』, 북랜드, 2008. 하오명

『아름다운 도시 대구, 정겨운 대구 사람』, 도심재생문화재단, 2013.

『Tea&People』, 2005. 6월호

후기 / 필자 약력

후기 / 필자약력

20강의 긴 원고를 정리하면서 많은 분들의 도움이 컸다. 특히 茶의 길을 이끌어주신 스승님들께 진심으로 감사드린다. 한잔의 녹차, 녹차의 정신, 그리고 여러 스승님들의 가르침들이 힘이 되었다.

또한 아내를 비롯, 네 딸들 그리고 사위들, 손녀, 손자들의 격려와 도움이 있었다.

앞으로의 작은 바램은 전국의 농과대학이나 약학대학에 '전천후 전산관리형 대형 말차 생산 온실'을 만들기를 제안한다. 또한 초. 중. 고 급식실에는 '무료 녹차 우리기 자동화 추출기계'를 설치해 주시기를 부탁한다. 화랑들의 훈련장이었던 팔공산에는 '화랑오계비,' '석지조'가 세워졌으면 한다. 전국 5대 도시에는 '한국차문화관'이 건립되어 '한국 차문화, 동양의 차문화, 세계의 차생활'을 체험할 수 있으면 하는 꿈을 가졌었고, 아직도 꿈꾸고 있다.

茶 한잔 만들어 마시는 일은 그리 어려운 것이 아니다. 일상다반사(日常茶飯事)라는 말이 있듯이 누구나 당연히 늘 차(茶)를 생활화하여 몸도 마음도 건강하기 바란다.

하 오명

◉ 학력

경북 중.고등학교 졸업
1959 영남대학교 약학대학 졸업
1969 영남대학교 경제학 석사학위 취득
1980 영남대학교 경제학 박사학위 취득

◉ 경력

현 국제 펜클럽 회원 및 한국다학연구원 원장
본초제약 대표 역임
영남 대학교 겸임교수 등 역임
대구 경북 약사회 회장 역임
대구 상공회의소 상임의원 역임
영남차회 회장 역임
우리 차문화 대학원 원장 역임
선불교 대학 학장 역임
죽순 문학회 회장 역임
영남 문화회 회장 역임
대구 수필 문학회 회장 역임

◉ 수상

대구 광역시 음식 박람회 대상(희락차), 국제 명원차 문화대상 학술상, 학전 차학술 문화상 등

◉ 주요 방송 경력 및 연재 경력

불교 방송 '차문화 산책': 2004.4 ~ 2004.10 총 28회 매주 강의
SBS 오픈 스튜디오 '향기로운 여유, 차이야기' : 2005.4.6 ~ 4.27 총 3회 강의
영남일보/위클리포유 2002.11.7 ~ 2005.5.12 총 128회 매주 연재 "하오명의 차 이야기" 연재
월간 다도: 2004 ~ 2005 "하오명의 향기있는 차 이야기" 연재
다담지: 2004 ~ 2010 "다학" 연재
월간 Tea & People : 2005 ~ 2006 "풀어쓰는 하오명의 다학개론" 연재

◉ 저서

녹두빛 찻잔 대일출판사 1999 수필집
풀꽃편지 북랜드1999 수필집
약국경영의 이론과 실제 월간 약국사 1984
전환점에 선 약국경영 월간 약국사 1992
판매직 콤팩트 명진출판사 1992 경영연구 신서
아름다운 도시 대구, 정겨운 대구 사람 대구 중구청 도심재생문화재단 2013

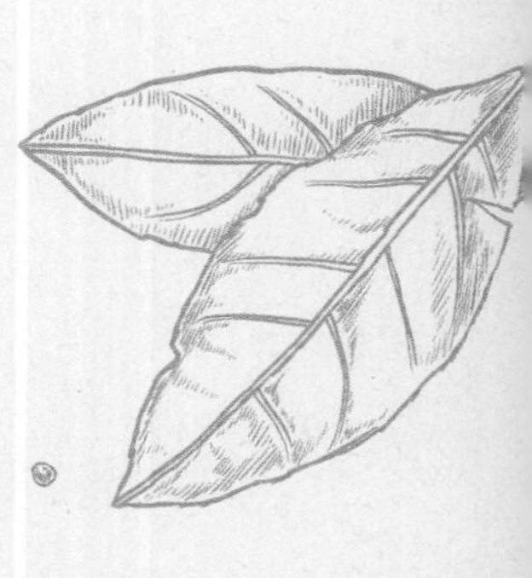

하오명의 차 이야기

2017년 3월 20일 초판 1쇄 인쇄
2017년 3월 30일 초판 1쇄 발행

저　　자　하오명
발 행 인　이미래
발 행 처　씨마스 커뮤니케이션

등록번호　제301-2007-005호
주　　소　서울특별시 중구 서애로 23 통일빌딩 4층

전　　화　(02)2274-1590
팩　　스　(02)2278-6702
홈페이지　http://www.cmass21.net
블 로 그　blog.naver.com/bosungabi
E-mail　licence@cmass.co.kr
디 자 인　한지영

I S B N　979-11-85351-08-7

정　　가　18,000원